Sophie Hélène

TISSUS addict !

Le carnet d'inspiration de la couturière

MANGO

Direction éditoriale : Guillaume Pô
Édition : Julie Cot
Direction artistique : Chloé Eve
Photographie du livre : Régis Baudonnet
Photographies des pages 24, 44, 64, 84 et 104 de Fabrice Besse
Stylisme : Lélia Deshayes
Illustrations : Émilie Bredel (Et voilà! Créations)
Schémas des points de broderie (page 142) : Charline Segala
Mise en pages : Vanessa Paris
Fabrication : Thierry Dubus et Anne Floutier

www.fleuruseditions.com
Dépôt légal : octobre 2013
ISBN : 978 2 8125 0135 7
MDS : 76058
N° d'édition : M 13112
Photogravure : Amalthéa
Imprimé chez Toppan Leefung (Chine)

Édito

Ce livre est destiné à toutes celles qui cousent et brodent et dont les tiroirs regorgent de bobines de fils, de dentelles, de boutons, de coupons de tissus, de jolies matières toutes prêtes à être transformées…

Au fil des pages, de nombreux tissus à motifs s'associent à des unis, des biais, des boutons pour créer des univers d'inspiration sous forme de planches de tendance, véritables départs de créations couture.

Le livre s'articule autour de cinq thèmes – Mode, Enfance, Nature, Gourmandise et Déco – qui proposent chacun dix ambiances différentes et des modèles de broderies, d'appliqués et autres petits détails. Pour deux de ces dix ambiances, des projets couture reprennent tout ou partie de l'harmonie, rendant le travail de stylisme très concret. Une projection dessinée sous forme de croquis et émaillée de nombreux conseils permet de prolonger encore les possibilités créatives d'une même harmonie…

La dernière partie, le « Catalogue » reprend par rubrique toutes les matières à disposition de la couturière : les différents tissus – popeline et velours, batiste, coton, toiles enduites –, les boutons, rubans et dentelles, les écussons thermocollants, les toiles à broder et les cotons à broder DMC…

Un vrai guide de couleurs et matières pour toutes vos créations !

Sommaire

mode

Quel plaisir de pouvoir réaliser pour soi de petits trésors qui disent si bien qui l'on est ! Pour soi ou pour une amie... Cousus, brodés, appliqués... Le plaisir d'associer de jolies matières aux colorations délicates à des rubans, des biais, des boutons tous collectés avec passion et organisés avec amour dans des boîtes, des tiroirs, des bocaux... Le tout est bien rangé dans l'atelier, cet endroit où il fait si bon être ! Véritable laboratoire d'expression d'idées, où sont consignés les coupons de tissus mais aussi les idées découpées dans des magazines ou imprimées depuis des blogs, les livres de couture et de broderie, la machine à coudre, la boîte à fils... tout un espace dédié à la création d'accessoires très féminins : vêtements, sacs et pochettes, trousses et foulards...

Toile de lin imprimée Braquenié
Batiste orageux FDS + pois

Lily bulles

Du coton et du lin lavé dans un camaïeu de bleus... Une petite touche de rose fluo et un motif adorable donneront à toutes les créations inspirées un air très décontracté-chic.

2.

1 – Toile de coton à motifs géométriques, gris, bleu et rose *(PP, réf. Bulle gris)*

2 – Toile de lin lavé, soft blue *(C, réf. Sabbia)*

3 – Batiste, orageux *(FDS)*

4 – Biais, rose fluo *(LM)*

3.

5.

4.

1.

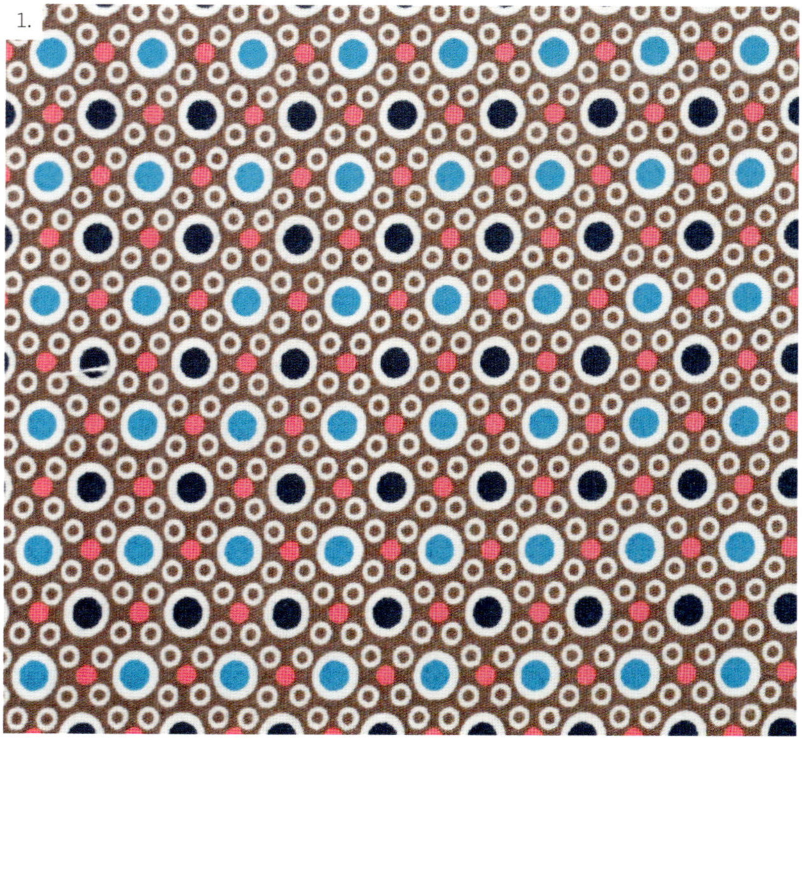

5 – Coton à broder, blanc naturel *(DMC, Mouliné Spécial 3865)*

Pink Black

De subtils coloris sombres, un délicat petit pois réchauffés par une touche féminine de fuchsia, pour imaginer des jolis accessoires : jupes, tuniques, pochettes, petits sacs...

2.

1 – Popeline de coton à motifs géométriques, brun, blanc et rose *(M&C, réf. Gustave#1)*

2 – Toile à broder en lin 12 fils/cm, chocolat *(M, réf. CM147)*

3 – Toile de coton à pois, noir et blanc *(PP., réf. Pois noir)*

4 – Coton à broder, framboise *(DMC, Mouliné Spécial 600)*

3.

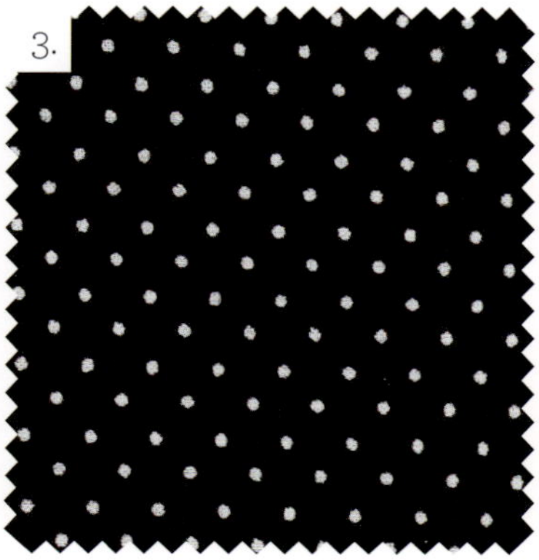

4.

1.

Constellations acidulées

Un thème très girly, qui associe de petites fleurs étoilées à des tonalités de roses et de nacre. Pour toutes les idées couture : vêtements, mais aussi petits accessoires de mode.

2.

1 – Popeline de coton à motifs de fleurs, fuchsia *(M&C, réf. Agathe#10)*

2 – Batiste Liberty, blanc et rose *(STR, réf. Rania, col. D)*

3 – Ruban en velours de polyamide, fuchsia clair, 9 mm *(STR)*

4 – Boutons de nacre colorés, jaune, Ø 15 mm *(LD)*

4.

3.

1.

Un petit air bohême

D'anis et de turquoise, de fraîcheur et de fleurs, de broderie anglaise et de boutons aux teintes acidulées : cette association délicate n'est pas sans rappeler les années hippie.

1 – Batiste Liberty, blanc, turquoise et orange *(STR, réf. Katie & Millie, col. C)*
2 – Galon de broderie anglaise, turquoise, 32 mm *(S)*
3 – Boutons en plastique, anis, Ø 22 mm *(LD)*
4 – Coton à broder, violet *(DMC, Mouliné Spécial 327)*

2.

3.

4.

1.

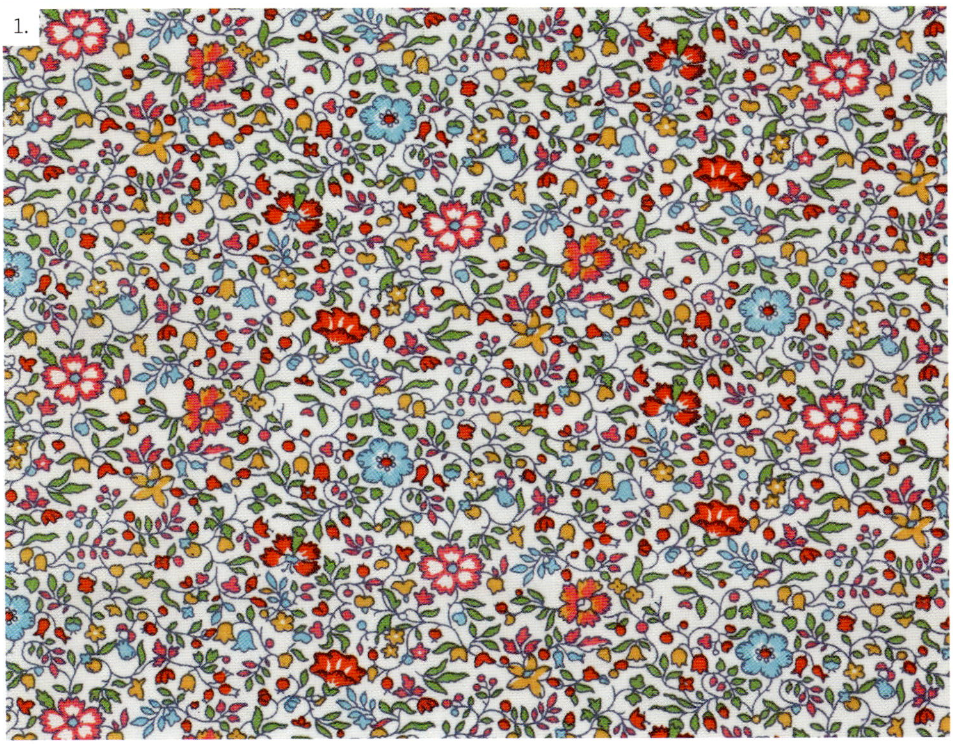

Pétales givrés

Un velours très fin – délicatement imprimé de petites fleurs blanches –, un batiste gris assorti pour réaliser la doublure et un zeste de rose fandango pour la petite tonalité fraîcheur !

1 – Velours Liberty, gris, blanc et corail *(STR, réf. Mitsi, col. C)*
2 – Batiste de Lawn, gris acier *(STR, réf. 2231F)*
3 – Batiste de Lawn, rose fandango *(STR, réf. 6638 F)*
4 – Coton à broder, blanc naturel *(DMC, Mouliné Spécial 3865)*

2.

3.

4.

1.

Le sac shopping • Harmonie « Pétales givrés » ci-contre, explications du modèle page 22.

Déclinaison de l'harmonie « Pétales givrés » :

Personnaliser sa garde robe.

Quelques conseils pour réussir

À FAIRE

Choisissez bien le type de tissu en fonction de l'usage que vous en ferez. La batiste est une toile extrêmement fine et donc relativement transparente : tenez-en compte ! Le velours Liberty est exceptionnel dans sa finesse et sa souplesse mais cela reste un velours qui offre une belle opacité et il est très doux.

Pour personnaliser vos créations, réalisez vos propres motifs à partir de ceux des tissus choisis en les agrandissant à la main ou à l'aide d'une photocopieuse. Fabriquez ensuite des tampons qui vous permettront de coordonner vos tissus unis aux tissus à motifs ou scannez les motifs et imprimez-les sur du papier transfert. Vous pouvez aussi vous servir de ces agrandissements comme patrons pour réaliser des appliqués dans les chutes de tissu. Reportez-vous aux pages 140-141 pour les explications de la technique des tampons, du papier transfert et des appliqués.

Utilisez toujours un seul motif, celui d'une fleur stylisée par exemple, qui deviendra une sorte de griffe de votre ligne de créations. Elle sera toujours de la même couleur : blanche avec un cœur corail pour accentuer le côté collection. La technique utilisée en revanche peut varier : la fleur est ainsi imprimée sur la robe et appliquée puis cousue sur la housse de carnet.

À ÉVITER

Ne multipliez pas les tissus si vous devez les porter ensemble. Jouez plutôt la carte de la collection en utilisant toutes les possibilités que suggère une harmonie.

Petites idées minute

Avec les petits bouts de tissus, enroulés sur eux-mêmes et pincés en un point unique, réalisez des fleurs à porter dans les cheveux fixées sur un élastique ou sur vos vêtements cousues sur une broche.

Applications

ROBE IMPRIMÉE

Dans la batiste rose fandango, cousez une robe d'été, longue à fines bretelles – de la largeur d'un biais – et légèrement trapèze. Prévoyez une fermeture éclair invisible sous un bras.
Imprimez des fleurs et répartissez-les en semis sur les 30 cm du bas de la robe, plus dense en bas et s'éclaircissant vers le haut. Pour une jolie répartition, découpez des ronds du même diamètre que les fleurs dans du papier et réalisez une simulation en les épinglant avant de les transférer.

FOULARD

Réalisez un joli foulard en utilisant du velours Liberty gris au recto et du batiste gris acier au verso. Pour choisir la bonne taille, recherchez parmi vos foulards lequel vous convient le mieux et servez-vous en comme patron ! Ajoutez une étiquette brodée à vos initiales (technique page 140).

HOUSSE DE CARNET

Recouvrez votre carnet adoré ou votre agenda d'une housse de batiste gris acier (explications page 43) et décorez-le d'une fleur en appliqué. Vous pouvez également ajouter une étiquette brodée pour le personnaliser.

Le petit plus !

N'oubliez pas de signer vos créations... Brodez et appliquez sur chacune de vos réalisations une étiquette maison qui porte vos initiales, un symbole ou un motif bien à vous : ici – toile de lin flanelle (M, réf. cm129) et coton à broder blanc (DMC, Mouliné Spécial 3865).

Ne multipliez pas les tissus si vous devez porter ensemble certains accessoires.

Choisissez la matière en fonction de l'usage du vêtement ou de la création (léger, souple, résistant, transparent etc.)

Réalisez vos propres motifs en vous inspirant des imprimés de vos tissus (appliqués, tampons, broderie).

Rayon de soleil

Très féminine et originale, cette association de batistes, de dentelles de coton et de nacre permet d'imaginer de jolis vêtements légers : chemises, tuniques, robes...

2.

1 – Batiste Liberty, blanc et jaune *(STR, réf. Xanthe Sunbeam, col. A)*

2 – Batiste, brume *(FDS)*

3 – Dentelle de coton teint, taupe foncé, 11 mm *(M)*

4 – Boutons de nacre sculptés, Ø 18 mm *(STR)*

4.

3.

1.

Petits pois chics

Un basique classique prend un petit air vintage si on l'associe à un biais imprimé, un croquet ou de petits boutons de velours orange. Petite robe ou jolis accessoires, vous avez le choix !

1 – Batiste à pois, orageux et noir *(FDS)*
2 – Croquet, turquoise *(STR, réf. SH3)*
3 – Biais à motifs géométriques, turquoise, noir et orange *(PP, réf. Billy turquoise)*
4 – Boutons en velours, orange, Ø 12 mm *(LD)*
5 – Coton à broder, orange vif *(DMC, Mouliné Spécial 608)*

5.

4.

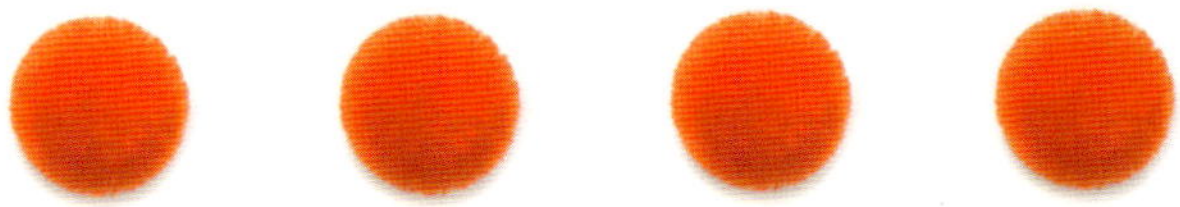

2.

3.

1.

Inspiration gitane

Petits pois, motifs géométriques et jolis croquets s'associent sur un air de flamenco, en camaïeu de roses et de rouges. À rehausser de dentelle brodée au point de croix.

2.

1 – Popeline de coton à motifs de losanges, rose et gris *(M&C, réf. Jasper#1)*

2 – Popeline enduite à pois, rouge et blanc *(STR, réf. Polka 5 mm)*

3 – Toile à broder en lin 12 fils/cm, rouge *(M, réf. CM126)*

3.

5.

4.

1.

4 – Croquets, rose et orange *(STR)*

5 – Cotons à broder, rose foncé et rose clair *(DMC, Mouliné Spécial 602 et 962)*

La trousse de voyage • Harmonie « Inspiration gitane » ci-contre, explications du modèle page 23.

Toile de Jouy indigo

Original mélange de jean, de laine bouillie et de toile de Jouy. À broder : de petits mots au point de piqûre, évocateurs du bleu céleste dans une écriture féminine et manuscrite.

2.

1 – Satin de coton imprimé, bleu et écru *(PF, réf. Coutances négatif bleu 4)*

2 – Jean, blue *(STR, réf. 3028)*

3 – Laine bouillie Mérinos fine, nature *(STR, réf. 2000)*

4 – Coton à broder, naturel *(DMC, Mouliné Spécial 3033)*

3.

4.

1.

Toile de Jouy couture

Un faux bicolore de lin et de laine, une belle impression et un biais noir délicatement scintillant pour la féminité... À rehausser de monogrammes en médaillon brodés.

2.

1 – Toile de lin imprimée, écru et prune
(B, réf. Paul et Virginie, col. 03)
2 – Laine foulée à chevrons, gris
(STR, réf. 2TSG 008, col.8002 8004)
3 – Toile à broder en lin 12 fils/cm, bruyère *(M, réf. CM120)*

3.

5.

4.

1.

4 – Biais, glitter noir *(LM)*
5 – Coton à broder,
blanc naturel
(DMC, Mouliné Spécial écru)

Le sac shopping

Harmonie « Pétales givrés » page 12, photographie page 13, abécédaire page 136.

Fournitures

50 cm (laize de 1,43 m) de velours Liberty, gris, blanc et corail
50 cm (laize de 1,40 m) de batiste de Lawn, gris acier
20 cm (laize de 1,40 m) de batiste de Lawn, rose fandango
2 cm de ruban autoagrippant en 2 cm de large, fuchsia
Fils à coudre gris acier et rose
6 x 6 cm de morceau de plastique
Adhésif double face
Colle multi-usages
Pinceau brosse fin
Peinture textile blanche et corail (ou jaune + rouge + blanc)
5 x 10 cm de toile à broder en lin 12 fils/cm, gris foncé
1 échevette de coton à broder blanc naturel (DMC 3865)
6 x 6 cm de Créamousse

ÉTIQUETTES

Découpez dans la toile à broder un rectangle de 3,5 x 7 cm et réalisez une étiquette en brodant vos initiales d'un côté et un cœur de l'autre en deux brins sur deux fils de trame (technique page 140). Réalisez la deuxième de la même manière.

SAC (dimensions fini : 58 x 38 cm)

Découpez dans le velours Liberty et le batiste gris acier un rectangle de 107 x 17 cm (fond et côtés du sac). À partir du schéma ci-dessous, reportez deux fois le demi-patron (faces) sur le velours et la batiste pliés en deux en alignant les pointillés sur la pliure du tissu. Découpez à 5 mm du tracé. Épinglez, endroit contre endroit, les deux faces à la bande correspondante. Épinglez, endroit contre endroit, l'étiquette à 18,5 cm du haut d'un des côtés du sac en Liberty, en laissant dépasser l'extrémité non cousue sur l'extérieur. Réalisez de petites pinces dans les angles inférieurs du sac : prévoyez des pinces plus importantes sur le velours qui est plus épais. Piquez sur le tracé. Piquez deux à deux, endroit contre endroit chacune des bretelles du sac. Faites un rentré le long du tracé du haut des sacs. Retournez sur l'endroit le sac en Liberty et glissez à l'intérieur la doublure. Épinglez, envers contre envers, les deux sacs ensemble et piquez à 2 mm du bord avec le fil à coudre gris acier.

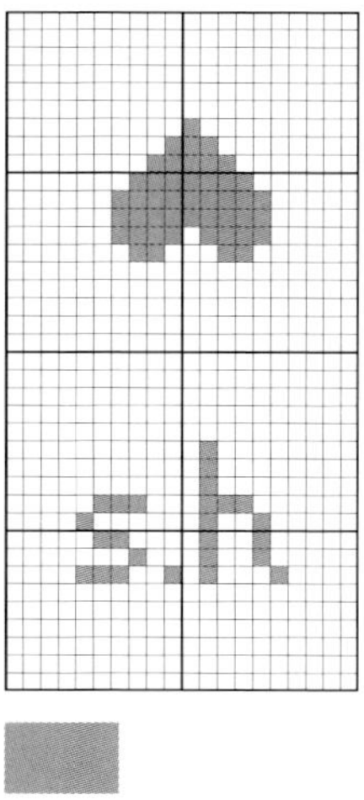

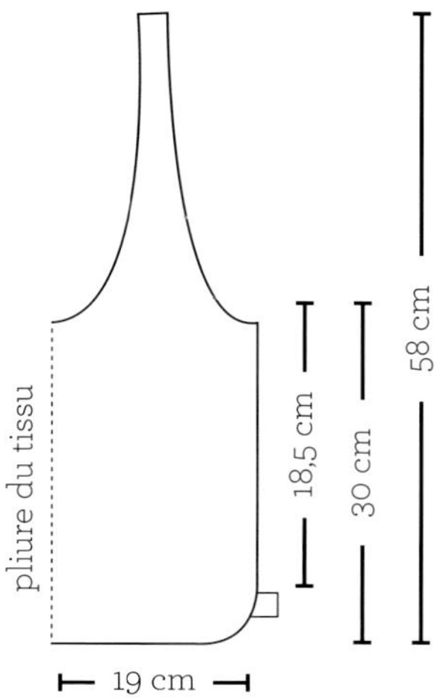

HOUSSE DU SAC (dimensions fini : 12,5 x 16,5 cm ; patte de fermeture : 2,2 x 10 cm)

Découpez une bande de 18,5 x 37 cm dans la batiste rose fandango. Pliez-la en deux, endroit contre en endroit, parallèlement aux petits côtés. Faites un ourlet double de 8 mm sur chaque petit côté et piquez à 2 mm du bord avec le fil à coudre rose. Insérez l'étiquette brodée entre les deux tissus, épinglez son extrémité à 16 mm d'un des grands côtés et à 3 cm du petit côté plié. Faites un ourlet double de 8 mm sur chaque grand côté et piquez à 2 mm du bord. Retournez sur l'endroit la pochette.

Découpez une autre bande de 3 x 21 cm pour la patte de fermeture. Pliez-la en deux, endroit contre en endroit, parallèlement aux petits côtés et piquez les grands côtés, à 5 mm du bord. Retournez sur l'endroit et faites un rentré de 5 mm sur le dernier petit côté. Sur l'endroit d'un des côtés de l'ouverture de la pochette, épinglez en la centrant une extrémité de la patte sur 2 cm. Piquez un rectangle à 2 mm des bords. Découpez un ruban autoagrippant de 2 x 2 cm. Piquez le ruban mâle à 5 mm de l'autre extrémité de la patte. Piquez le carré femelle à 5 mm du bord, en le centrant sur l'endroit de l'autre côté de la pochette.

FLEUR IMPRIMÉE

Glissez un morceau de carton dans la housse pour ne pas maculer le dos. Réalisez un tampon, (technique page 141) en agrandissant le motif de la fleur à 150 %. Tamponnez les pétales en blanc et reportez le motif au centre de la housse, faites les retouches éventuelles et lorsqu'elles sont sèches, tamponnez le cœur corail. Fixez la peinture avec un fer à repasser.

La trousse de voyage

Harmonie « Inspiration gitane » page 18, photographie page 19.

Fournitures

2 fois 32 x 22 cm (côtés), 2 fois 12 x 22 cm (soufflets) et 32 x 12 cm (fond) de popeline de coton à motifs de losanges, rose et gris

2 fois 32 x 22 cm (côtés), 2 fois 12 x 22 cm (soufflets) et 32 x 12 cm (fond) de popeline enduite à pois, rouge et blanc

2 fois 5,5 x 32 cm de toile à broder en lin 12 fils/cm, rouge

1 échevette de coton à broder rose foncé et rose clair (DMC 602 et 962)

32 cm de croquet rose

32 cm de croquet orange

1 fermeture à glissière rose de 20 cm de long

Fils à coudre rouge, rose et orange

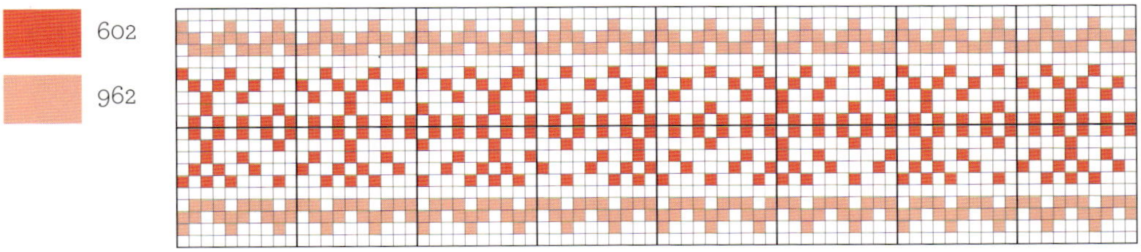

BRODERIE

Sur les deux bandes de lin rouge, brodez au point de croix en deux brins sur deux fils de trame le motif de la frise sur 30 cm de long, en la centrant en largeur et en hauteur. Marquez au fer un rentré de 1 cm sur les grands côtés des deux bandes brodées.

TROUSSE

Épinglez une bande brodée sur l'endroit de chacun des rectangles de 22 x 32 cm de popeline de coton à motifs, à 4,5 cm du haut d'un des grands côtés. Épinglez ensuite le crochet rose à 1 cm au-dessus de la bande brodée, et le croquet orange à 11 cm en dessous. Piquez avec les fils à coudre coordonnés, la bande brodée à 2 mm des bords et les croquets au centre.

Assemblez le fond, les soufflets et les côtés de popeline de coton à motifs, en les épinglant endroit contre endroit, piquez à 1 cm du bord. Retournez la trousse sur l'endroit. Faites de même avec le fond et les soufflets de popeline enduite à pois mais sans la retourner. Piquez, endroit contre endroit, la fermeture à glissière sur la pochette de popeline enduite, à 3 cm de l'ouverture, en la centrant dans la largeur. Épinglez, envers contre envers les deux trousses (extérieur et doublure enduite), et faites un rentré de 1 cm sur l'ouverture. Piquez l'ouverture à 2 mm du bord, avec le fil à coudre rouge. Pour rigidifier la pochette, repiquez sur l'endroit l'assemblage à 5 mm des bords (fonds et soufflets) en prenant soin de prendre la doublure dans la piqûre : arrêtez-vous sous la bande brodée. Pliez en deux chaque soufflet et rabattez le pli obtenu sur le haut, afin que la largeur du soufflet ne soit plus que de 4 cm sur le haut de la pochette. Piquez le haut du soufflet à 2 mm du bord.

Housse d'ordinateur – août 2012
Kumiko Nakayama *Toile de Jouy et indiennes*

Nécessaire de couture – avril 2012
Sylvie Blondeau *Mon atelier couture*

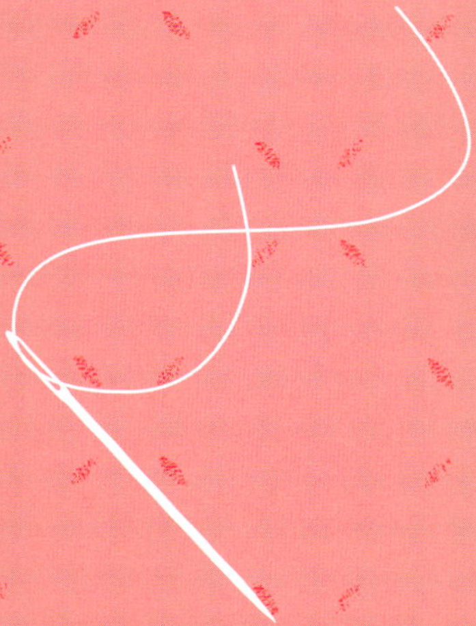

Mes projets en cours

échantillon n°1

Harmonie retenue

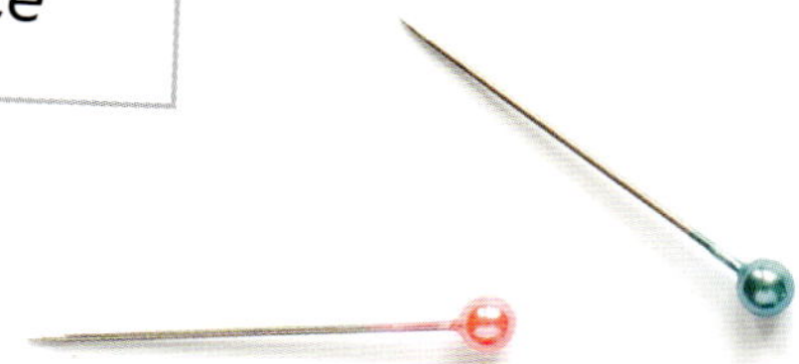

échantillon n°2

Cotons à broder/ fils à coudre

échantillon n°3

Biais et passepoils

enfance

Les enfants, qu'il s'agisse de nos enfants, de nos neveux et nièces, filleuls ou filleules, des petits des amis, des petits de nos petits... tous savent réveiller en nous la créativité et l'envie de faire, de coudre, de broder...

Pour tous ces petits on désire le plus chaud, le plus doux, le plus mignon... Les étoiles tombent du ciel, les petites fleurs s'épanouissent, les carreaux deviennent de délicieux vichy et les coloris s'adoucissent. L'éponge devient bambou, le coton est bio, le fluo prend une petite place dans une palette déjà douce et acidulée. Le gris joue de ses nuances en rompant les teintes : ainsi naissent les étoiles, les nuages, les petits bleus et roses délicieusement poudrés...

MERCHANT & MILLS
TAILOR'S CHALK
DRESSES COURSES PATTERNS NOTIONS
toile enduite fleur de soleil

Vraiment tout petit

Un univers délicat de petites étoiles et de gris réveillé d'une touche de fluo. Idéal pour tous les projets couture destinés aux bébés : tour de lit, gigoteuse ou décoration de la chambre.

2.

1 – Batiste à motifs étoiles, blanc et argent *(FDS)*

2 – Fil à fil pur coton, gris perle *(STR, réf. 2001-2960)*

3 – Biais, jaune fluo *(LM)*

4 – Boutons en plastique transparent, fluo jaune, Ø 20 mm *(LD)*

4.

3.

1.

Rêves acidulés

Des couleurs fraîches et lumineuses rehaussées de rose fluo pour explorer l'univers ludique de la couleur. À appliquer à des vêtements pour petites filles espiègles !

2.

1 - Toile de coton à motifs d'oiseaux, blanc et multicolore *(LM, MULTIBIR)*

2 - Toile de coton à motifs ronds, blanc et multicolore *(PP, réf. Yoyogi blanc)*

3 - Piqué de coton à pois, « Louisette » bleu et blanc *(STR, réf. 10159 col. 2)*

4 - Boutons en tissu à motifs, multicolore, Ø 23 mm *(PP, réf. motif Mikko)*

3.

4.

1.

Gris nacré

Un camaïeu de gris colorés rehaussé de nacre dans de petits détails, comme un bouton. Pour un petit chemisier, une robe, un foulard ou même de beaux rideaux à broder.

2.

1 – Batiste à motifs étoiles, gris et argent *(FDS)*

2 – Toile à broder en lin 12 fils/cm, zinc *(M, réf. CM102)*

3 – Biais à pois, brume et pois figue *(FDS)*

4 – Boutons de nacre, naturel, Ø 23 mm *(STR)*

4.

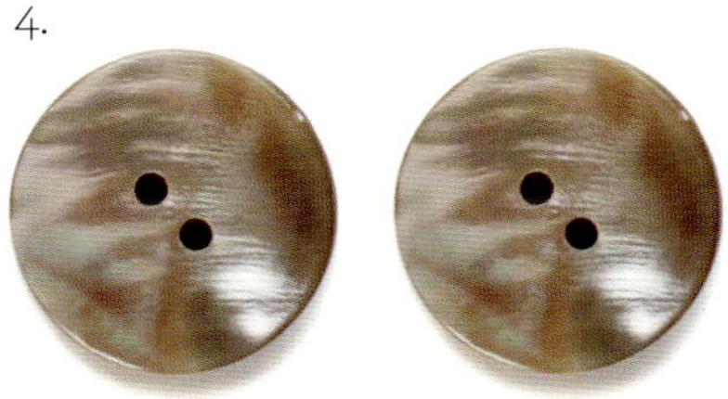

3.

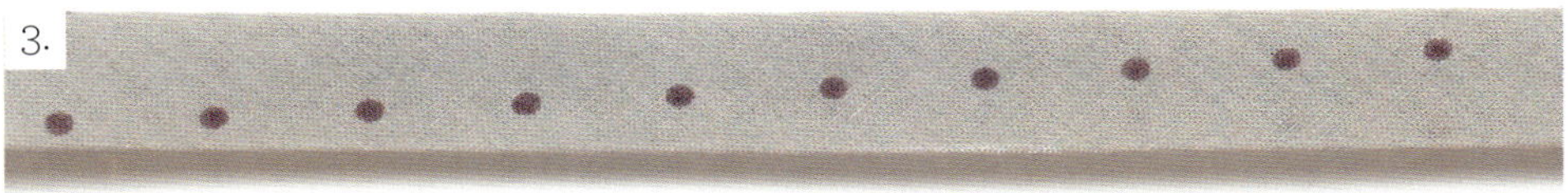

1.

La tête dans les étoiles

Une ambiance colorée propice au calme et aux rêves. Coussin pour le change en toile enduite, draps et rideaux dans des tonalités de figue... tout pour l'univers des petits.

2.

1 - Toile de coton enduite à motifs d'étoiles, taupe et fuchsia *(F)*

2 - Batiste, figue *(FDS)*

3 - Toile métisse, brume rosée *(C, réf. Dodo)*

4 - Coton à broder, naturel *(DMC, Mouliné Spécial 3033)*

3.

4.

1.

Petit écolier

En écru, rouge et bleu pour une ambiance de carnet à colorier. Des motifs enfantins et une grande page blanche lignée qui s'ouvre à l'imagination de nombreux projets.

2.
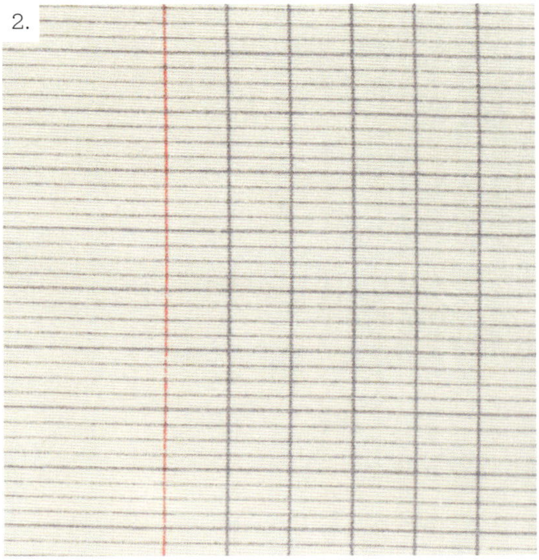

1 - Toile de coton à motifs transports, blanc et bleu *(LM réf. TRANSP MO)*

2 - Toile de coton à carreaux d'écolier, blanc, bleu et rouge *(LM, réf. ECOL ANC)*

3 - Toile de coton à motifs éléphants, bleu, blanc et rouge *(LM, réf. 09008BLE)*

3.

4.

5.

1.

4 - Biais vichy 2 mm, bleu *(STR, réf. 002 Océan)*

5 - Cotons à broder, rouge et bleu *(DMC, Mouliné Spécial 321 et 825)*

Mobile ou coussins à senteurs • Harmonie « Petit écolier » ci-contre, explications du modèle page 42.

Déclinaison de l'harmonie « Petit écolier » :

Appliquer une thématique déco à une pièce.

Quelques conseils pour réussir

À FAIRE

Créez une harmonie en choisissant toujours un tissu qui sera la note dominante du projet déco. Ici, c'est le tissu à motifs transports qui va être cousu en housse de couette et offrira ainsi une belle surface de motifs. Ajoutez ensuite des « touches », une par une. Les tissus associés doivent avoir des points communs avec le premier par l'un des critères suivants : leur(s) couleur(s), le style de dessin ou de motifs, la nature du tissu. Donnez une destination à chaque « touche ». Le tissu à carreaux d'écolier deviendra un rideau et un coussin carré, celui à motifs éléphants deviendra un coussin longiligne... Terminez en choisissant des détails couture : biais, passepoils, boutons, cotons à broder pour les broderies qui donneront au projet un petit air raffiné.

N'hésitez pas à reprendre des motifs de vos tissus et à les agrandir pour en faire des motifs placés. Réalisez-les avec des tampons, des appliqués ou brodez leurs contours au point de tige ou au point de piqûre (techniques pages 140-141).

À ÉVITER

« Le total look » qui consiste à ne pas vraiment prendre de parti pris et à mettre en quantités égales et dans toutes les réalisations un peu de chaque tissu, biais, etc. Le résultat est à coup sûr décevant !

Applications

COUSSINS

Variez la taille des coussins et multipliez-les pour que le lit devienne un petit espace de détente (explications page 102). Cousez un biais en vichy bleu tout autour des coussins pour les coordonner. Coussin carré (dimensions fini : 40 x 40 cm) : biais en vichy bleu et tissu à carreaux d'écolier pour la housse qui laisse la part belle à un motif central – ici un appliqué (technique page 140) qui reprend le patron du mobile nuage (page 42). Vous pouvez également agrandir un motif du tissu transports (une voiture par exemple) et le broder au point de tige : technique page 142). Coussin rectangulaire (dimensions fini : 80 x 25 cm) : reprise du biais en vichy bleu et tissu à motifs éléphants, pour créer une parure coordonnée.

HOUSSE DE COUETTE

Mettez en valeur le motif du tissu choisi (ici le motif transports), en cousant simplement un biais vichy à plat dans la largeur de la housse de couette, à 50 cm de la tête pour un enfant ou à 30 cm pour un bébé. Mesurez votre couette et ajoutez 10 cm sur tous les côtés. Prévoyez 30 cm supplémentaires dans la longueur pour réaliser un rabas pour le passage de la couette. Coupez deux rectangles de tissu en fonction de vos mesures et piquez le biais. Assemblez et piquez, endroit contre endroit, en laissant libre un petit côté. Piquez un rabat de 30 cm et faites un ourlet.

RIDEAU BRODÉ

Agrandissez au carreau ou à la photocopieuse un motif du tissu à motifs transports, par exemple un avion. Il doit mesurer au moins 30 cm de large. Reproduisez-le au moyen d'un tampon (technique page 141). Choisissez un tissu plus sobre pour le rideau (ici le tissu à carreaux d'écolier) et reportez le motif avec de la peinture textile rouge ou bleue, en le centrant dans la largeur et à 50 cm du haut. Appliquez sur le premier tiers du rideau, deux biais en vichy bleu horizontalement en les espaçant de 5 cm l'un de l'autre : cela créera un joli rythme sur le rideau. Faites les ourlets et assemblez le système d'accroche choisi en haut du rideau.

Petites idées minute

Avec les chutes : confectionnez une housse pour un carnet de santé en brodant au point de tige un dessin de l'enfant et son nom sur le tissu à carreaux d'écolier (explications page 43) ou une trousse avec le tissu à motifs éléphants (explications page 23).

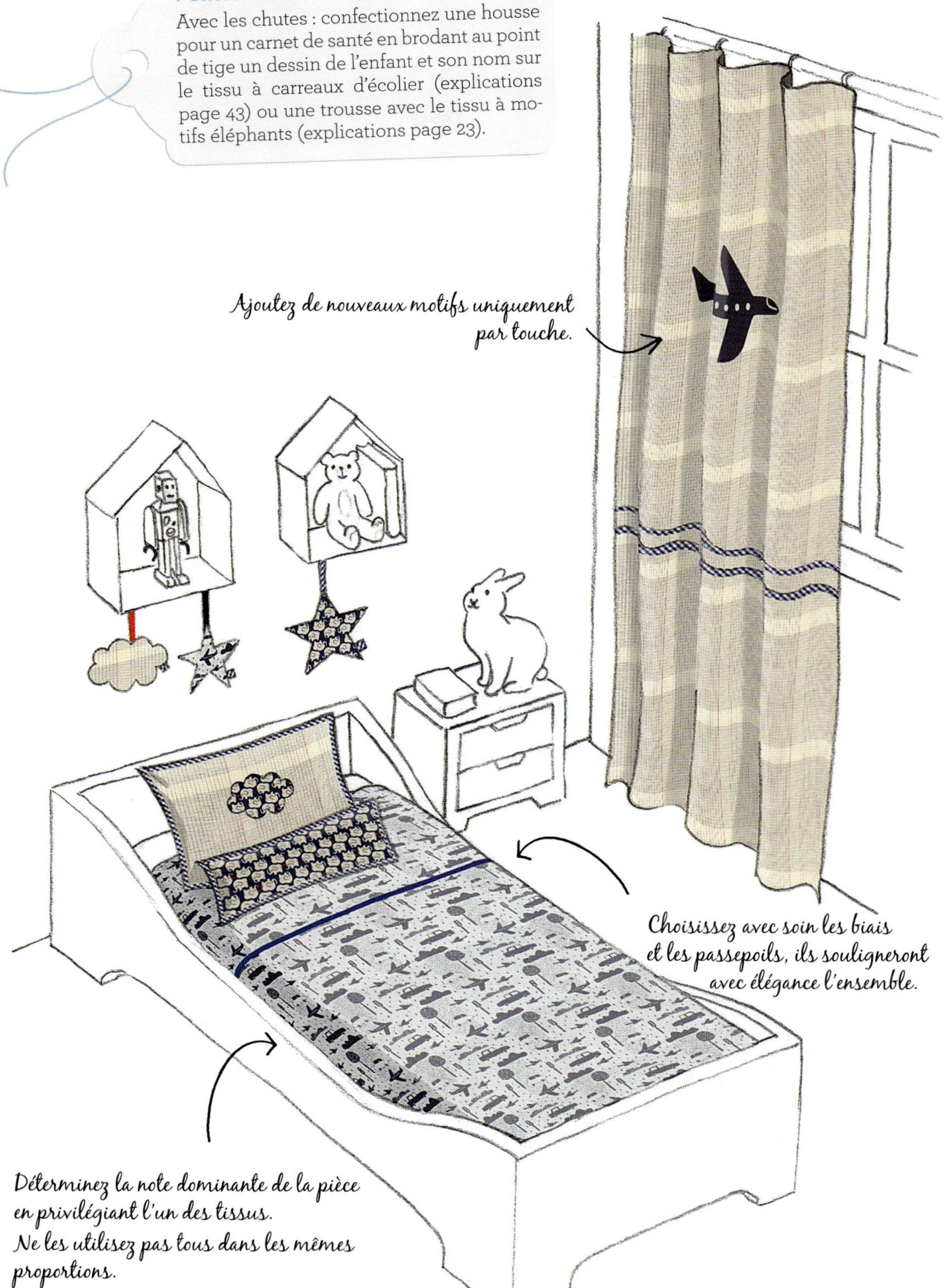

Bio et kawaï

Un thème adorable et tendre, d'anis et de turquoise qui donnera de la gaieté à toutes les idées pour du linge de lit, des sorties de bain, le nécessaire de toilette des bébés...

2.

1 – Toile de coton bio à motifs petits monstres, turquoise et blanc *(LM, réf. LILMONVER)*

2 – Toile à broder en lin 11 fils/cm, bleu doux *(M, réf. 112/24)*

3 – Tissu éponge moelleux en coton, vert pomme *(STR, réf. 0000 0426)*

3.

5.

4.

1.

4 – Biais, bleu glacier *(LM)*

5 – Coton à broder, anis *(DMC, Mouliné Spécial 3819)*

Chouette !

Les petites mascottes de la forêt coloriées dans des camaïeux de rouges, de roses et de bleus pour l'univers du bain... À tester pour sa douceur : l'éponge de bambou.

2.

1 – Toile de coton à motifs animaux, blanc, rose, rouge et bleu *(LM, réf. 02043AQU)*

2 – Toile à broder en lin 12 fils/cm, bleu clair *(DMC, réf. 954)*

3 – Tissu éponge moelleux en bambou, blanc *(STR, réf. 0000 3450)*

3.

5.

4.

1.

4 – Ruban adhésif en rouleau, milleraies rose, 15 mm *(TGA, réf. LKT54)*

5 – Coton à broder, corail *(DMC, Mouliné Spécial 3705)*

Tellement vichy !

Un thème pour les inconditionnelles du vichy et des petits pois ! Il est si facile d'imaginer de petits accessoires : housse de carnet de santé, chemise de nuit, petite robe à smocks...

2.

1 – Popeline de coton, vichy rose 2 mm *(STR, réf. 10109)*

2 – Toile métisse ancienne, blanc *(coll. pers. de l'auteur)*

3 – Ruban adhésif en rouleau, rouge à pois blancs, 15 mm *(TGA, réf. LKT52)*

4 – Coton à broder, rouge *(DMC, Mouliné Spécial 321)*

4.

3.

1.

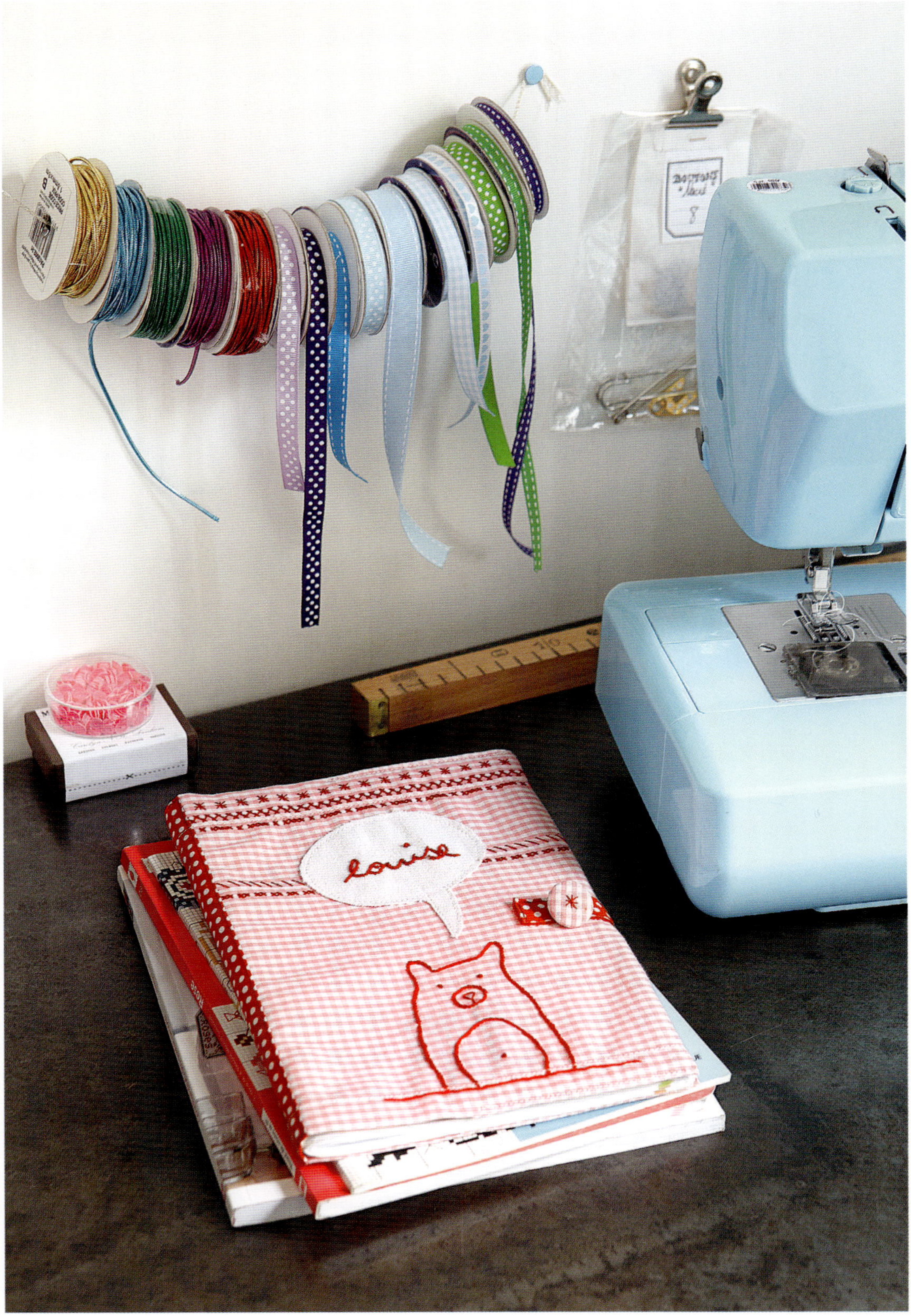

La housse de carnet • Harmonie « Tellement vichy ! » ci-contre, explications du modèle page 43.

Délicatement fleuri

Ces petites fleurs blanches sur fond bleu et les boutons en bois ont un petit air hippie qui n'est pas pour nous déplaire ! À réserver aux petites filles... et aux plus grandes !

1 – Liberty Tana Lawn, bleu et blanc *(STR, réf. Millie, col. E)*
2 – Ruban vichy, anis, 5 mm *(STR, réf. col. 309)*
3 – Dentelle de coton, blanc *(STR)*
4 – Boutons fleur en bambou, naturel, Ø 15 mm *(STR. Réf. 2005-0002)*
5 – Coton à broder, bleu *(DMC, Mouliné Spécial 3766)*

Adorables petites fleurs

Un hommage à l'esprit Liberty si joliment fleuri pour des envies très girly : petite robe à croquet, chemisier, foulard, linge et tour de lit, édredon et coussin très doux...

1 – Batiste Liberty, blanc, rose et anis *(STR, réf. Fairford, col. D)*
2 – Biais, framboise *(LM)*
3 – Croquet, rose *(STR, réf. SH1)*
4 – Boutons en Liberty, blanc, rose et anis, Ø 14 mm *(STR, réf. Liberty Rania, col. D)*
5 – Coton à broder, rose ancien *(DMC, Mouliné Spécial 152)*

5.

4.

2.

3.

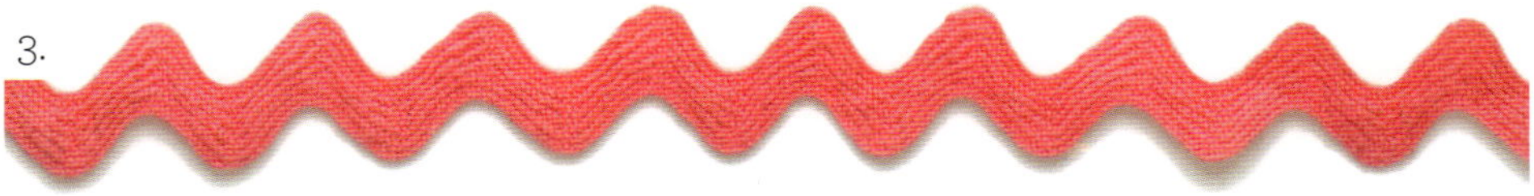

1.

Mobile ou coussins à senteurs

Harmonie « Petit écolier » page 32, photographie page 33.

Fournitures

2 fois 22 x 16 cm de toile de coton à carreaux d'écolier, blanc, bleu et rouge

2 fois 25 x 25 cm de toile de coton à motifs transports, blanc et bleu

2 fois 20 x 20 cm de toile de coton à motifs éléphants, bleu, blanc et rouge

2 échevettes de coton à broder rouge et bleu (DMC 321 et 825)

1 m de biais, vichy bleu 2 mm

Ouate de rembourrage

Fil à coudre blanc

ATTACHES

Découpez le biais en 3 morceaux de 30 cm environ. Épinglez leur extrémité et piquez-les endroit contre endroit, à 1 cm du bord.

GRANDE ÉTOILE

Agrandissez l'étoile à 300 % et reportez le motif sur l'envers d'une des toiles à motifs éléphants. Épinglez endroit contre endroit les deux toiles. Insérez le biais sur l'une des pointes, en laissant les extrémités dépasser en dehors du tracé du motif. Piquez sur le tracé, en laissant une ouverture de 5 cm environ. Recoupez à 5 mm de la piqûre en crantant les angles. Retournez sur l'endroit et garnissez de ouate de rembourrage. Refermez l'ouverture à point glissé (technique page 141) ou à la machine.

PETITE ÉTOILE

Agrandissez l'étoile à 220 % et reportez le motif sur une feuille de papier et découpez-la. Placez la feuille évidée sur la toile à motifs transports et sélectionnez en déplaçant la feuille la zone que vous aimeriez broder. Sur l'endroit, reportez au feutre effaçable le contour de l'étoile et utilisez le tissu comme un coloriage en brodant en rouge ou bleu : au point arrière avec un brin le contour du petit avion en rouge, avec deux brins les branches de l'arbre en bleu ; au point lancé avec un brin le nuage et quelques lignes du gazon en bleu, la carrosserie de la voiture en rouge ; au passé plat avec deux brins en bleu ou rouge les vitres et roues de la voiture, le feu rouge, certaines gouttes d'eau et les hublots de l'avion (techniques page 142). Pour le montage, suivez les explications de la grande étoile, en prenant soin de faire coïncider le report du motif de l'étoile sur l'endroit, sur l'envers du tissu.

NUAGE

Suivez les explications de la grande étoile mais en reportant le motif nuage agrandi à 270 % sur l'endroit du tissu à carreaux d'écolier et en épinglant les tissus envers contre envers. Insérez les extrémités du biais à l'intérieur du tracé. Piquez et recoupez les bords à 1 cm de la piqûre, glacez-les (technique page 141) puis recoupez-les proprement à 5 mm de la piqûre.

Suspendez deux étoiles et un nuage à une branche pour réaliser un mobile. Vous pouvez aussi les parfumer avec des huiles essentielles et les placer dans le linge de l'armoire. Petites étoiles ou petits nuages peuvent aussi devenir de précieux doudous !

Housse de carnet

Harmonie « Tellement vichy ! » page 38, photographie page 39.

Fournitures

55 x 27,5 cm et 5 x 5 cm de popeline de coton, vichy rose 2 mm
10 x 10 cm de toile métisse ancienne, blanc
30 cm de ruban adhésif en rouleau, rouge à pois blancs, 15 mm
10 cm de ruban autoagrippant, en 2 cm de large, rouge
1 échevette de coton à broder rouge (DMC 321)
1 bouton à recouvrir, ø 19 mm
Fil à coudre rouge et blanc

PRÉPARATION

Mesurez les dimensions de votre carnet : hauteur x largeur (devant, arrière et tranche). Placez la popeline vichy dans la largeur et bâtissez sur l'endroit un rectangle aux dimensions obtenues, bâtissez également une ligne au centre, parallèlement aux petits côtés du rectangle.

BRODERIE ET APPLIQUÉ

À l'intérieur de ces repères, brodez en vous inspirant de la photographie page 39 et des frises page 136, de petits motifs sur certains carreaux de vichy (principe de la broderie Suisse). Les étoiles et les petites obliques en ligne sont brodées en un brin, les petites croix en deux brins. Agrandissez le motif de l'ourson à 200 % et reportez-le au feutre effaçable en le centrant à 1 cm du bas de la partie droite et brodez-le au point de tige en deux brins. Brodez en un brin au point de nœud les yeux et le nombril et au point de piqûre le museau (techniques page 142).

Reportez au feutre effaçable le motif de la bulle sur la toile métisse et tracez le prénom de l'enfant, agrandissez si nécessaire la bulle pour faire tenir le prénom. Brodez le prénom au point de tige en deux brins. Si vous préférez le point de croix, utilisez l'abécédaire page 136 et brodez le prénom en deux brins sur deux fils de trame sur une toile à broder blanche. En fonction de la matière utilisée, coupez la bulle sur le tracé ou faites un rentré de 5 mm et marquez-le au fer.

Pour le bouton, brodez en deux brins une étoile centrée sur un carré de vichy de 5 x 5 cm.

Épinglez la bulle au-dessus de l'ourson brodé et piquez-la à 2 mm du bord avec du fil à coudre blanc. Positionnez le ruban thermocollant en rouleau sur le repère vertical central. Piquez-le à 2 mm des bords avec le fil à coudre rouge. Si vous souhaitez rigidifier la housse, fixez un morceau de toile thermocollante de la taille de votre carnet en le centrant dans les repères.

HOUSSE

Marquez au fer un ourlet double de 1,5 cm le long des repères des grands côtés, et un ourlet double de 1 cm le long des repères des petits côtés. Piquez-les à 2 mm du bord avec le fil à coudre blanc, en prenant soin de ne pas piquer sur la broderie. Vérifiez avec le carnet que les dimensions sont bien ajustées et marquez au fer les rabats sur les petits côtés (ils doivent faire 9 cm environ). Enlevez les fils de bâti et piquez les rabats, à 2 mm des bords.

Découpez dans la partie femelle du ruban autoagrippant une longueur de 7 cm. Collez au dos, du ruban thermocollant à pois et recoupez-le au ras du tissu. Épinglez le ruban sur le devant de la trousse sur 4 cm en le centrant sur le côté droit, piquez-le à 2 mm du bord en dessinant un rectangle avec le fil à coudre rouge. Piquez ensuite un autre rectangle sur les 2 cm restants. Épinglez un ruban autoagrippant mâle de la largeur du ruban x 2,3 cm sur l'arrière de la housse, en le centrant sur la gauche. Piquez-le à 2 mm du bord.

Recouvrez le bouton du tissu que vous avez brodé d'une croix (technique page 140) et cousez-le au centre de la partie cousue du ruban.

Note :
Vous trouverez page 134 d'autres motifs pour personnaliser le carnet en fonction de l'enfant, ou de son utilisation (carnet de recettes, carnet d'idées etc.) !

Valisette – août 2013
Sylvie Blondeau *Objets-couture pour Bébé*

Tour de lit – octobre 2012
Marie-Anne Réthoret-Mélin et Perrette Samouïloff
Le petit monde de bébé

Mes projets en cours

échantillon n°1

Harmonie retenue

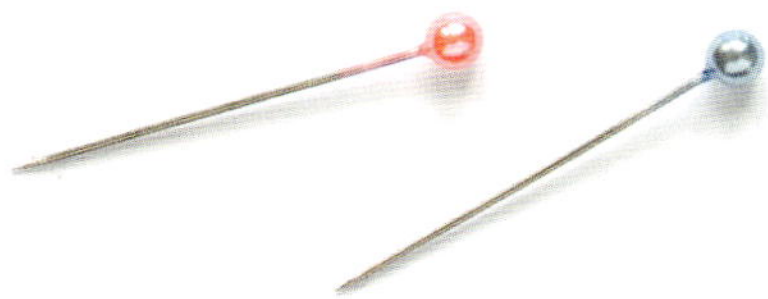

Cotons à broder/ fils à coudre

échantillon n°2

Biais et passepoils

échantillon n°3

NATURE

NATURE

Dans la maison, on fait la part belle à la nature et on lui dédie même des espaces si tant est qu'on ait de la place : on aime les jardins d'hiver, les vérandas... De là, à travers les vitres qui donnent sur le jardin, la cour ou le patio on observe le changement des saisons, les couleurs des arbres et des fleurs... Et dès qu'il fait beau, on investit l'espace extérieur et on y vit comme dans un salon, on y mange aussi le plus possible... Il fait si bon dehors ! Tout ceci donne l'occasion de créer. Du cabas pour aller au marché aux petits paniers pour tout ranger, du coussin de sol à la banquette à poser sur du mobilier maçonné, de la nappe au linge de table, les couleurs sont celles de la nature en camaïeu de verts, de roses et de bleus et les graphismes associés sont réalistes ou très stylisés.

MERCHANT & MILLS
FRENCH
COLLARLESS SAFETY
PINS
DRESSES COURSES PATTERNS NOTIONS
fil DMC

Délicate aquarelle

Tout tient dans le jeu des transparences qui s'associent : motifs de fleurs sauvages aquarellés, boutons de verre, dentelle de coton ajourée... Chemin de table ou robe d'été ?

1 – Liberty Tana Lawn, blanc, vert, bleu et rouge *(STR, réf. Irma, col. C)*
2 – Dentelle de coton, blanc, 30 mm *(STR)*
3 – Boutons hexagonaux en verre transparent, Ø 17 mm *(LD)*
4 – Coton à broder, camaïeu d'anis *(DMC, Mouliné Color Variations 4070)*

4.

3.

2.

1.

Rose thé

De batiste et de popeline fleurie imprimée de roses anciennes, cette ambiance délicate peut inspirer de petites robes, des chemises ou de jolis foulards à rehausser de détails brodés.

2.

1 – Popeline de coton à motifs de roses, bleu, rose, vert et beige *(IE, réf. Rose)*

2 – Batiste, brume (FDS)

3 – Toile à broder en lin 12 fils/cm, naturel clair *(M, réf. 112/32)*

4 – Coton à broder, rouge, rose et marron *(DMC, Mouliné Spécial 321, 224 et 838)*

3.

4.

1.

Vert amande

Autour du vert synonyme de printemps et de midi, des pétales blancs, de la dentelle, un semis et une toile à broder... À imaginer : un chemin de table et des serviettes assorties.

2.

1 – Popeline de coton Liberty, vert et blanc *(STR, réf. 315 0255 C)*

2 – Velours de coton milleraies à motifs de fleurs, blanc et beige *(STR, réf. Sidonie 10648-13)*

3 – Toile à broder en lin 12 fils/cm, vert amande *(M, réf. CM136)*

3.

5.

4.

1.

4 – Dentelle de coton, vert très doux *(Mai)*

5 – Coton à broder, naturel clair *(DMC, Mouliné Spécial 822)*

Baby nature

Un univers colorié de teintes nature à destination des tout petits : housse de couette ornée d'un croquet, tour de lit assorti recto/verso dans deux tissus à motifs coordonnés.

2.

1 – Toile de coton à motifs de lanternes, blanc, vert et bleu *(LM, réf. 20004000)*

2 – Toile de lin, vert *(C, réf. Sabbia vert menthe)*

3 – Toile de coton à motifs de feuilles, vert et vert clair *(T, réf. LKD03)*

3.

4.

4.

1.

4 – Croquet, jaune *(STR, réf. SH4)*

5 – Coton à broder, blanc *(DMC, Mouliné Spécial Blanc)*

De nature géométrique

De solides toiles enduites idéales pour réaliser des sacs à emmener à la piscine ou au marché. Un ruban à coudre ajoute fraîcheur et rythme. Une étiquette signe le travail.

2.

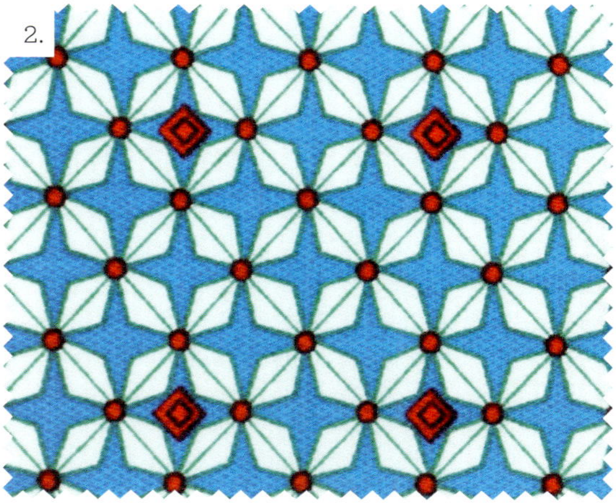

1 – Toile de coton enduite à grands motifs géométriques, vert et blanc *(F, réf. Mosaïque vert)*

2 – Toile de coton enduite à petits motifs géométriques, turquoise, blanc et rouge *(PP, réf. Hélium turquoise)*

3 – Ruban adhésif en rouleau à fleurs, anis, 15 mm *(TGA, réf. LKT60)*

4 – Étiquette adhésive, motif de machine à coudre, blanc et bleu *(TGA, réf. LKZ05)*

3.

1.

L'indispensable cabas ! • Harmonie « De nature géométrique » ci-contre, explications du modèle page 62.

Déclinaison de l'harmonie « De nature géométrique » :

Créer des séries pour toute la maison.

Quelques conseils pour réussir

À FAIRE

Telle une vraie styliste, créez votre propre collection de créations autour d'une constante qui sera votre « ligne », comme par exemple : 2 tissus à motifs + 1 biais + 1 étiquette. Ensuite jouez les variations :

• que ce soit du point de vue de la taille des créations : sacs gigognes pour tous les types de courses (petits, moyens ou gros achats !)... ou paniers gigognes qui grossissent en fonction de leur destination (du panier à linge au pot à brosse à dents !).

• ou bien la proportion des tissus dans chaque création : utilisez les mêmes tissus pour des sets de table par exemple mais ne les utilisez pas de la même manière afin qu'ils restent uniques.

Pour choisir vos tissus à motifs, recherchez chez les éditeurs des tissus déclinés en plusieurs teintes qui vous permettront d'enrichir encore votre collection en proposant plusieurs coloris, ou d'assortir parfaitement vos deux tissus.

À ÉVITER

Même si cela est tentant, ne déclinez pas à l'infini une même ligne ! Ce serait ennuyeux de retrouver le même motif dans toutes les pièces ! Faites des cadeaux ou déclinez l'idée dans d'autres ambiances (par exemple « So pretty ! » page 68).

Petites idées minute

Vous pouvez vous confectionner un porte-monnaie assorti aux sacs, en adaptant les dimensions de la trousse (explications page 23).

Et pourquoi pas faire de petits grigris coordonnés aux paniers : en forme de poisson stylisé ou de fleurs (voir motifs page 134), rembourrez-les légèrement et munissez-les d'œillet pour les suspendre aux portes des placards par exemple.

Applications

SETS DE TABLE (dimensions fini : 44 x 30 cm)

Reportez-vous aux explications page 82 pour la couture et déterminez les variations. Le premier modèle est constitué d'une petite bande à gauche de 11 x 30 cm de toile verte à grands motifs géométriques blancs et d'un rectangle de 33 x 30 cm de toile turquoise à petits motifs géométriques blancs et rouges. Le deuxième modèle possède deux bandes à droite et à gauche de 11 x 30 cm de toile turquoise et un rectangle de 22 x 30 cm de toile verte. Le troisième se compose d'une bande à gauche de 5 x 30 cm de toile turquoise et un rectangle de 39 x 30 cm de toile verte. Assemblez et piquez les toiles entre elles, et cousez à cheval le ruban anis adhésif, à 2 mm des deux bords. Signez vos créations d'une étiquette « hand made » adhésive positionnée en bas à droite, à 2 cm des bords.

SACS GIGOGNES

Reportez-vous aux explications du cabas page 62 pour la couture des sacs. Commencez par la taille proposée afin de vous familiariser avec le projet. Réalisez ensuite un modèle dont les dimensions extérieures sont plus petites de 35 % : tapez simplement sur votre calculatrice les dimensions à modifier, par exemple 40 (cm) – 35 % = 26 (cm). Pour le grand modèle, ajoutez cette fois 35 % aux dimensions : tapez sur votre calculatrice les dimensions à modifier, par exemple 40 (cm) + 35 % = 54 (cm). Vous obtenez ainsi trois sacs gigognes. Il reste maintenant à rechercher des variations dans le motif. Pour le petit modèle, gardez les mêmes proportions de toiles en modifiant seulement le placement des tissus : toile verte en bas du sac, toile turquoise en haut, les poignées en toile verte, et le ruban adhésif anis se coud toujours à cheval. Pour le grand modèle, ne choisissez qu'un seul tissu pour l'ensemble du sac – ici la toile verte – sans ajouter de ruban anis.

PANIERS GIGOGNES

Reportez-vous aux explications des paniers ronds page 63 pour la couture. Déclinez ensuite le modèle comme proposé ci-dessus pour les sacs gigognes. Réalisez un modèle plus grand de 35 % et un autre plus petit de 35 %. Variez ensuite les positions des tissus et n'oubliez pas de coudre l'étiquette !

À partir d'une même harmonie, variez les tailles de vos créations :

Combinez les mêmes tissus mais dans des proportions différentes, pour créer des réalisations uniques.

Inversez les tissus intérieur et extérieur d'une même série pour jouer la surprise.

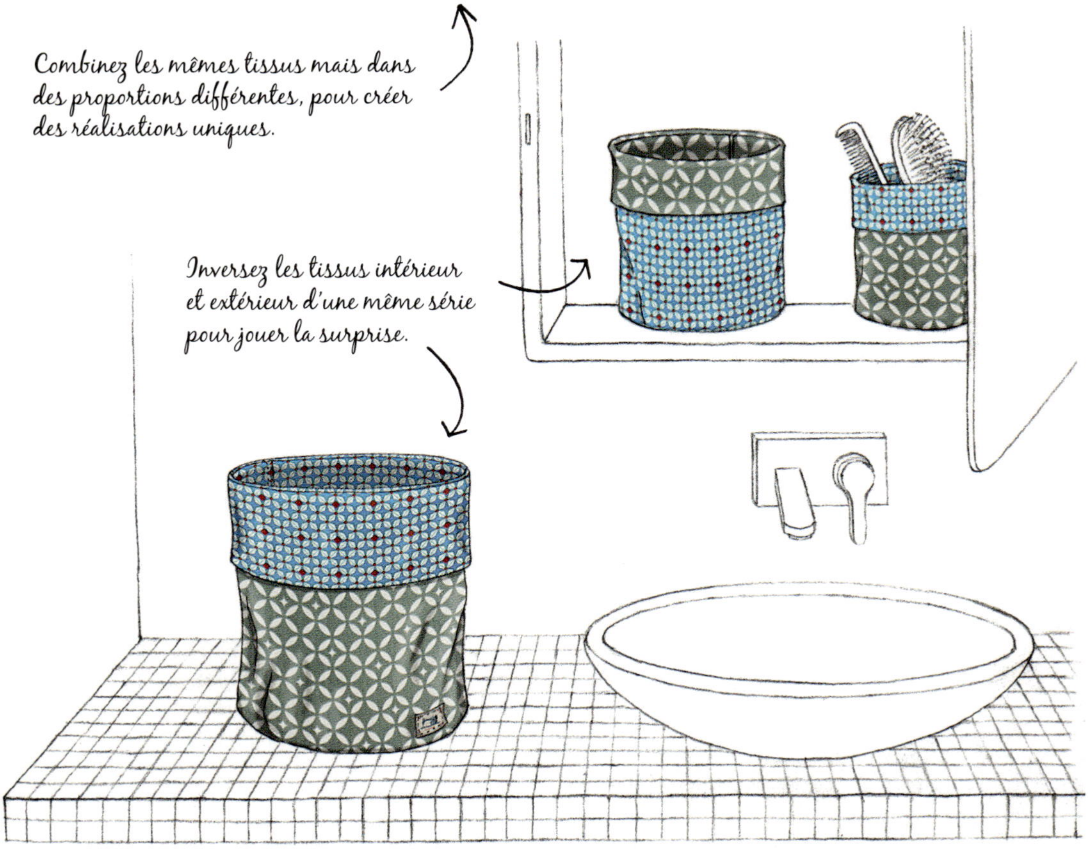

So british...

... Et tellement Liberty aussi ! À coudre en jouant sur l'alternance des motifs des tissus, des accessoires en camaïeu de roses sur fond de thé : pochettes, carnets, cadres...

2.

1 – Batiste Liberty, beige et multicolore *(STR, réf. D'Anjo, col. A)*

2 – Toile de coton à fleurs, beige rose et vert *(T, réf. LKD06)*

3 – Passepoil, framboise *(LM)*

4 – Boutons en Liberty, beige et multicolore, Ø 12 mm *(STR, réf. Liberty D'Anjo, col. A)*

4.

3.

1.

Nature scandinave

Une batiste bicolore fleurie est associée ici à une toile de lin unie à broder dans un esprit sobre et raffiné. On complète le jeu des matières d'une laine bouillie qui signe les créations.

2.

1 - Toile à broder en lin 12 fils/cm, naturel *(M, réf. 112/31)*
2 - Batiste Liberty, vert et beige *(STR, réf. Capel 3055L)*
3 - Laine bouillie Mérinos fine, canard *(STR, réf. 15013)*
4 - Cotons à broder, gris foncé, anis, écru et bleu ciel *(DMC, Mouliné Spécial 413, 372, Écru et 598)*

3.

4.

1.

Nature saline

Très belle batiste Liberty imprimée de fleurs de tournesol stylisées associée à de la laine bouillie naturelle, couleur menthe fraîche. Idéal pour la réalisation de petits paniers pour tout ranger.

2.

1 - Laine bouillie Mérinos fine, nature *(STR. Réf. 2000)*

2 - Batiste Liberty à motifs tournesols, beige, vert, bleu et jaune *(STR, réf. Small Susanna 0028A)*

3 - Laine bouillie Mérinos fine, menthe *(STR. Réf. 2361)*

4 - Cotons pour tapisserie, jaune, kaki et bleu *(DMC, Retors mat 2145, 2051 et 2807)*

3.

4.

1.

Les paniers décoratifs • Harmonies « Nature saline » ci-contre et « Nature scandinave » page 57, explications des modèles pages 63

Fleur bleue

Une ravissante toile de coton aux mille et une petites fleurs… Adhésive, elle est très pratique pour décorer sa papeterie, recouvrir ses carnets ou fabriquer ses écussons.

1 – Tissu adhésif à fleurs, blanc, bleu, vert et rose *(TGA, réf. LKF33)*
2 – Ruban, turquoise rose et blanc *(Mai)*
3 – Biais, gris bleu *(LM)*
4 – Boutons fleurs de nacre colorés, rose, Ø 15 mm *(LD)*
5 – Coton à broder, bleu gris *(DMC, Mouliné Spécial 927)*

5.

4.

2.

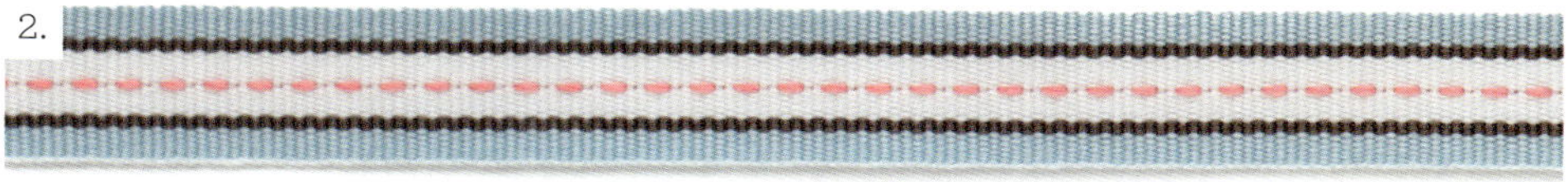

3.

1.

Fleurs étoilées

Les fleurs de ce Liberty se stylisent pour exploser en un feu d'artifice raffiné. Le velours imprimé pourrait devenir le tissu extérieur d'un sac qui serait doublé de batiste étoilée...

2.

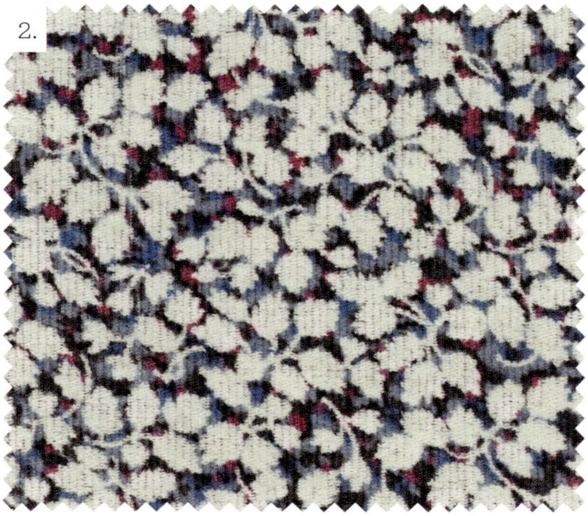

1 – Batiste Liberty, beige et bleu *(STR, réf. Mauvey, col. B)*

2 – Velours Liberty à motifs de feuilles, bleu, beige et violet *(STR, réf. Pablo Pepper, col. C)*

3 – Passepoil, bleu canard *(LM)*

4 – Boutons de nacre colorés, bleu violetés, Ø 18 mm *(LD)*

4.

3.

1.

L'indispensable cabas !

Harmonie « De nature géométrique » page 52.

Fournitures

48 x 46 cm (fond) et 2 fois 6 x 33 cm (anses) de toile de coton enduite turquoise, à petits motifs géométriques, blancs et rouges

2 fois 48 x 27 cm (côtés) de toile de coton enduite verte, à grands motifs géométriques blancs

2 fois 48 cm de ruban adhésif en rouleau à fleurs anis, 15 mm

1 étiquette adhésive, motif de machine à coudre, blanc et bleu

Fil à coudre rouge, anis, beige

SAC

Épinglez bord à bord, endroit contre endroit, un rectangle de 48 x 27 cm de toile verte sur chaque petit côté du rectangle de 46 x 48 cm de toile turquoise. Piquez les deux tissus à 1,5 cm du bord. Sur l'endroit de cette piqûre, collez à cheval le ruban adhésif anis. Piquez-le à 2 mm des deux bords avec le fil à coudre vert. Pliez en deux, endroit contre endroit l'assemblage parallèlement aux petits côtés. Piquez les deux grands côtés, à 1,5 cm du bord. Faites un ourlet double de 1 cm sur l'ouverture du sac avec le fil à coudre beige. Pour réaliser le fond, aplatissez chaque coin inférieur en superposant la couture latérale et le fond de façon à former un triangle dont la base mesure 11 cm. Collez l'étiquette adhésive sur l'endroit d'un des côtés du sac, à 9,5 cm de la piqûre droite et à 7,5 cm sous le ruban anis et piquez-la à 2 mm du bord avec du fil à coudre rouge.

ANSES

Pliez en deux, envers contre envers, les bandes de tissu de toile turquoise de 6 x 33 cm et faites un rentré de 5 mm sur le grand côté ouvert. Réalisez également un rentré à chaque extrémité. Piquez les côtés ouverts à 4 mm du bord, avec le fil à coudre beige. Épinglez sur l'ourlet une anse sur chaque face du sac, à 14,5 cm des piqûres des côtés. Piquez en rectangle à 2 mm du bord, avec le fil à coudre beige.

Note :
Ce cabas est d'un entretien extrêmement facile : lessivez-le à grande eau en frottant avec une brosse en nylon l'intérieur comme l'extérieur et laissez-le sécher à l'air, suspendu à l'envers.

Les paniers décoratifs !

Harmonie « Nature saline » page 58 et « Nature scandinave » page 57.

Fournitures

Panier au point de trait

14 x 14 cm et 50 x 22 cm de batiste Liberty beige à motifs tournesols verts, bleus et jaunes

14 x 14 cm et 50 x 22 cm de laine bouillie Mérinos fine, nature

1,5 x 2,5 cm de laine bouillie Mérinos fine, menthe (étiquette)

1 échevette de coton à broder pour tapisserie (Retors Mat DMC), jaune (2115), kaki (2051) et bleu (2807)

Panier au point de croix

14 x 14 cm et 50 x 20 cm de batiste Liberty, vert et beige

14 x 14 cm et 50 x 20 cm de toile à broder en lin 12 fils/cm, naturel

1,5 x 2,5 cm de laine bouillie Mérinos fine, canard (étiquette)

1 échevette de coton à broder gris foncé, anis, écru et bleu ciel (DMC 413, Écru, 372, 598)

BRODERIE

Sur la bande de laine bouillie nature de 50 x 20 cm, brodez parallèlement aux grands côtés avec du fil à tapisserie des lignes au point de trait de 7 mm et espacés de 5 mm : la première en kaki à 13 cm du haut ; la seconde 2,5 cm plus bas, en bleu ciel ; et la troisième 1,5 cm plus bas en anis.

Sur le rectangle de toile de lin naturel de 50 x 20 cm, brodez au point de croix le motif des fleurs, en deux brins sur deux fils de trame : positionnez le motif à 1 cm du grand côté du bas, et à 14 cm d'un des petits côtés afin qu'il soit ensuite centré sur une des faces du panier.

COUTURE

Endroit contre endroit, épinglez bord à bord le rectangle de 50 x 20 cm autour du carré de laine bouillie. Épinglez, endroit contre endroit le petit côté vertical, insérez l'étiquette de laine bouillie à 2,5 cm du bas du panier en laissant ses extrémités dépasser de 1 cm. Piquez à 1 cm du bord. Retournez sur l'endroit.

Réalisez la doublure de la même manière avec le rectangle et le carré de batiste mais sans le retourner sur l'endroit. Faites un rentré d'1 cm sur le haut des paniers et insérez le panier en batiste à l'intérieur du panier en laine bouillie. Piquez-les sur l'endroit à 2 mm du bord. Pour un meilleur maintien du panier, marquez au fer et piquez les quatre angles au point droit à 3 mm de la pliure, en prenant soin de ne pas prendre la doublure dans la piqûre. Vous pouvez faire un revers plus ou moins large pour mettre en valeur l'imprimé de la doublure.

2807 2115 2051

VARIANTE : Vous pouvez faire des paniers ronds plutôt que carrés (voir page 55). Découpez deux cercles de 18 cm de diamètre au lieu des carrés de 14 x 14 cm dans les tissus. Pliez, endroit contre endroit, chaque rectangle en deux, parallèlement aux petits côtés et piquez chaque petit côté, à 1 cm du bord. Épinglez, endroit contre endroit, chaque cercle de tissu sur le fond du tube correspondant. Après vérification que le cercle s'adapte parfaitement au tube, piquez à 1 cm du bord. Assemblez les deux paniers comme précédemment.

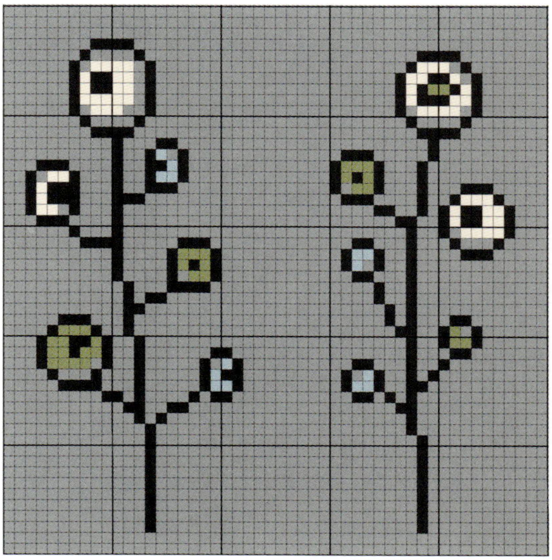

Bento – août 2012
Kumiko Nakayama *Toile de Jouy et indiennes*

Sachet à thé – octobre 2010
Hélène Le Berre *Liberty et point de croix*

Mes projets en cours

échantillon n°1

Harmonie retenue

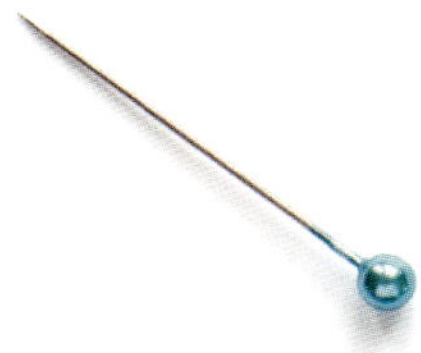

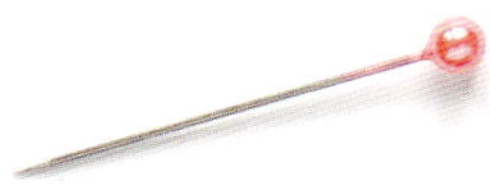

échantillon n°2

Cotons à broder/ fils à coudre

échantillon n°3

Biais et passepoils

gourmandise

La cuisine est la pièce où l'on se retrouve toujours car c'est bien là que tout se joue ! C'est le lieu où se serrent les petits autour de la maman ou de la mamie qui cuisine, c'est aussi la pièce où les papas – de plus en plus nombreux – préparent avec amour leur spécialité si plébiscitée... On peut donner à la cuisine un esprit d'antan, tout en naturel, blanc et rouge, animé de carreaux et de rayures, de motifs stylisés brodés... On peut aimer un esprit vichy, rouge et blanc ou naturel et blanc, petits ou grands carreaux... Il y a aussi l'esprit dînette, très pratique et très lolita qui associe des petites fleurs, des tons fluo, des tissus enduits... on peut également jouer la carte vintage : de délicieux motifs de pommes très stylisées et de petites formes géométriques. Une mine de possibilités et d'associations originales !

coton enduit petit pan
toile de lin à broder milpoint
BOUTONS "nacré"
8

So pretty !

On les appelait toiles cirées… et elles ne faisaient guère rêver ! Elles sont désormais des toiles enduites très souples aux dessins adorables et à l'usage si pratique. À vos ciseaux !

2.

1 – Toile de coton enduite à fleurs, gris, blanc, rose et rouge *(PP, réf. Fleur des îles gris)*

2 – Toile de coton enduite à fleurs, blanc, rose, orange et bleu *(PP, réf. Hanako blanc)*

3 – Toile de coton, rose Petit Pan *(PP)*

3.

5.

4.

1.

4 – Biais, rose fluo *(LM)*

5 – Étiquette à coudre, motif de cupcake, rose *(LM, réf. ETIQ-CUP)*

Lolita provençale

Pour imaginer un adorable linge de table : la toile enduite sera idéale pour une nappe ou des sets de table ; les serviettes, torchons et tablier seront à réaliser dans les deux petites toiles assorties.

2.

1 – Toile de coton enduite à fleurs, rouge, bleu, jaune et rose *(PP, réf. Sioux rouge)*

2 – Toile de coton à fleurs, jaune, blanc, vert et marron *(MiniL, réf. AS/MI M2012)*

3 – Toile de coton à motifs géométriques, orange, blanc et marron *(PP, réf. Kokoro pastèque)*

3.

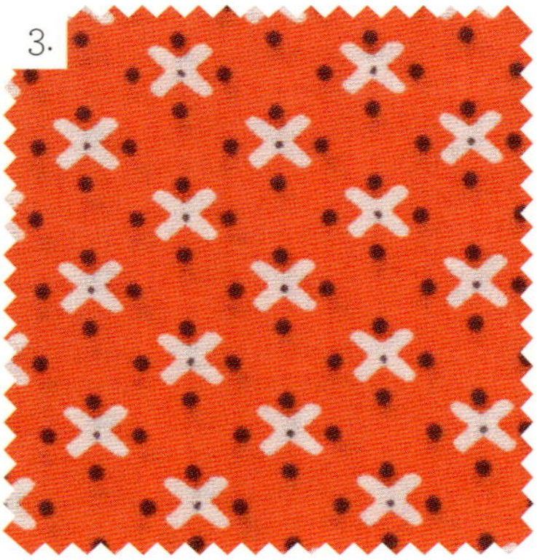

5.

4.

1.

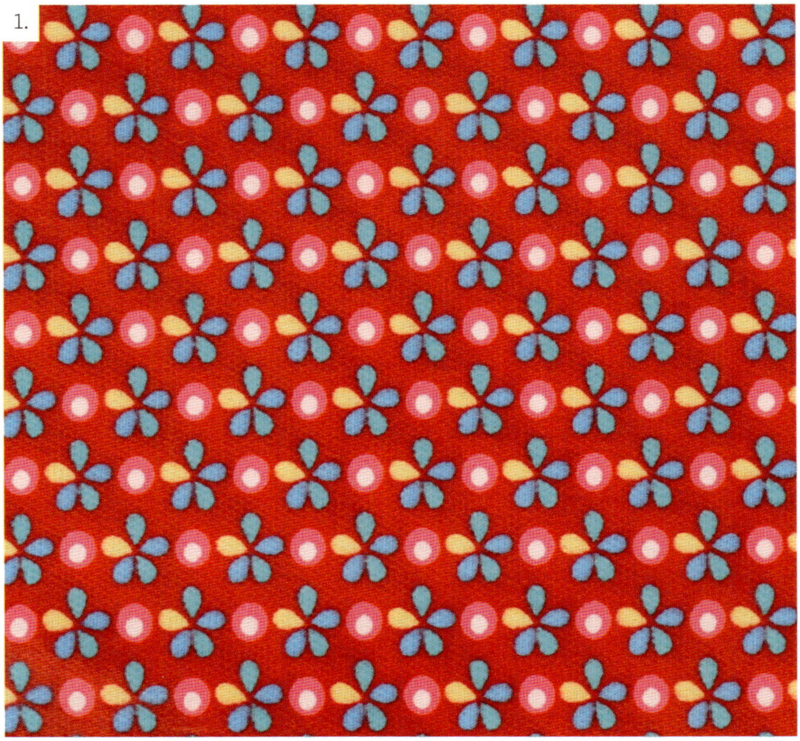

4 – Dentelle de coton, jaune *(STR, réf. SH2)*

5 – Coton à broder, rose *(DMC, Mouliné Spécial 3806)*

Vichy vintage

Comme un tableau : pourquoi ne pas tendre ce tissu imprimé sur une planche de bois qui deviendra un panneau d'affichage ? De jolies punaises fixeront dessins et photos.

2.

1 – Toile de coton, à motifs de cuisine *(LM, réf. T02CUI)*

2 – Toile de coton enduite, vichy rouge *(F)*

3 – Biais à pois, rouge et blanc *(STR, réf. B-P8)*

4 – Boutons en plastique, tricolore, Ø 17 mm *(LD)*

4.

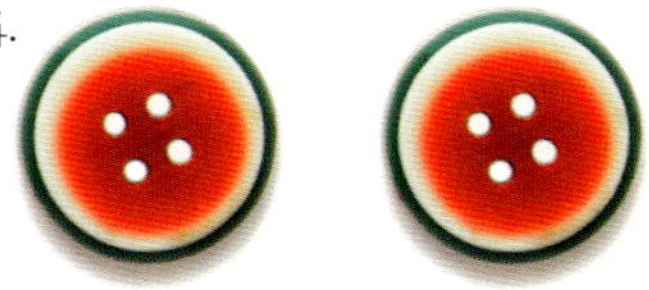

3.

1.

Vichy dînette

Le Vichy est un incontournable de nos cuisines. On peut imaginer une nappe et des serviettes assorties sur lesquelles on coud des rubans qui suivent le motif des carreaux.

1 – Popeline de coton, vichy rouge 7 mm *(STR, réf. 10111)*
2 et 3 – Ruban recto et verso, rouge et naturel *(Mai, réf. Jacquard ribbon red)*
4 – Boutons en verre, gris, Ø 17 mm *(LD)*
5 – Coton à broder, rouge *(DMC, Mouliné Spécial 321)*

5.

4.

2.

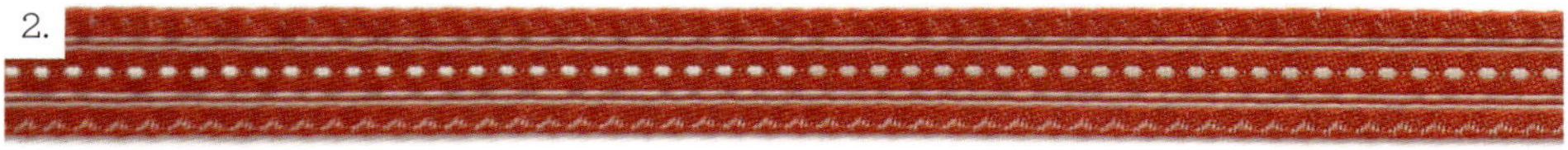

3.

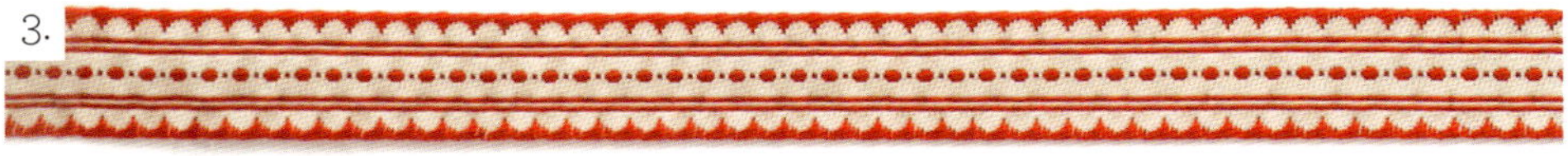

1.

Très marché !

Un coton imprimé qui rappelle les papiers au petit air vintage de nos bouchers : à décliner en set de table ou en bien d'autres choses... À associer à des broderies aussi !

2.

1 – Toile de coton à motifs de trames ondulées, blanc et rouge *(LM, réf. ONDROU)*

2 – Toile à broder en lin 12 fils/cm, rouge *(M, réf. CM126)*

3 – Croquet, rouge *(STR, réf. SH2)*

4 – Coton à broder, naturel clair *(DMC, Mouliné Spécial 3865)*

4.

3.

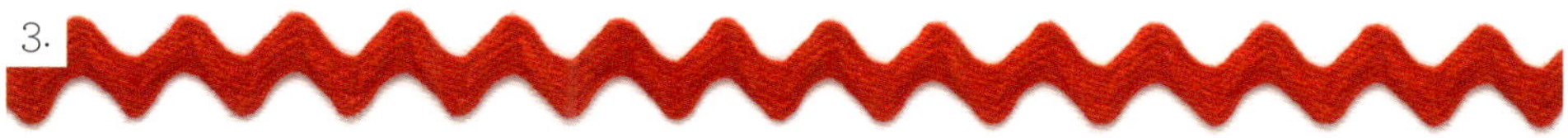

1.

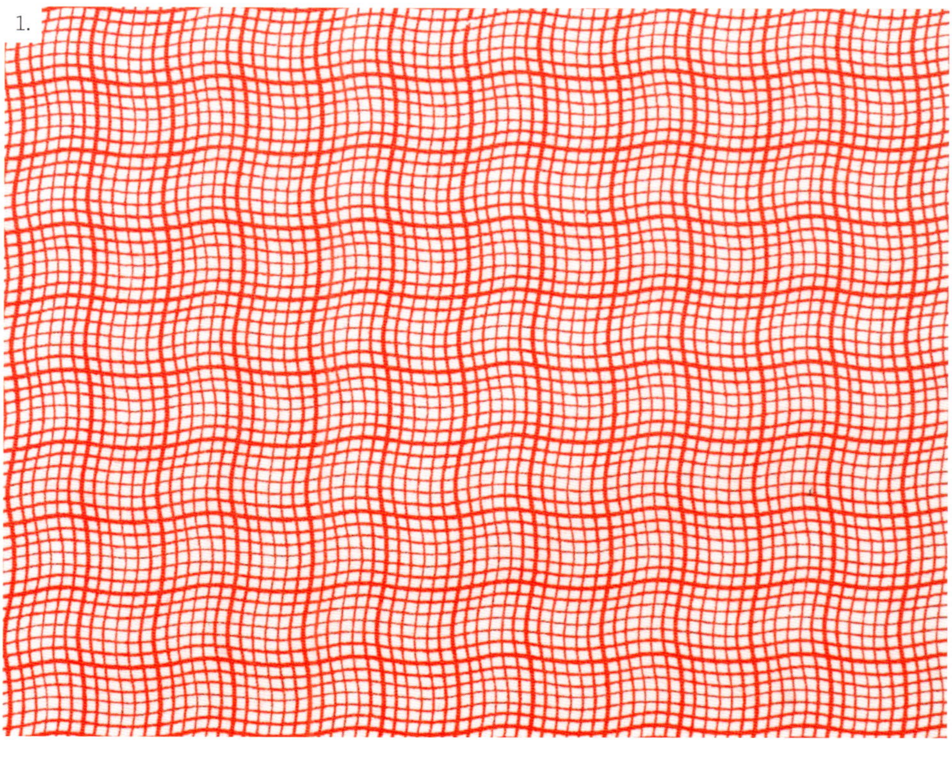

Le set de table gourmand • Harmonie « Très marché ! » ci-contre, explications du modèle page 82.

Déclinaison de l'harmonie « Très marché ! » :

Créer une ligne de linge de table.

Quelques conseils pour réussir

À FAIRE

Posez-vous les bonnes questions : qu'utilisez-vous constamment dans la cuisine et qui pourrait égayer votre pièce ? Pour un bel effet dans sa cuisine, il faut assortir l'ensemble de ses accessoires ! Créez ainsi une collection de linge d'office et de table en coordonnant seulement deux tissus : ici – une toile de lin unie rouge et un tissu imprimé qui joue la carte du faux-uni avec son motif de papier de boucher revisité. Ajoutez un petit brin de fantaisie en cousant du croquet rouge qui fera l'effet d'une rayure.

Personnalisez l'ensemble en brodant une frise bien choisie (un damier pour reprendre l'imprimé) et un motif monochrome blanc sur la toile de lin rouge qui donnera le ton de la collection (œuf, poule ou cerise... voir la sélection de motifs page 135 et de frise page 136).

Inutile de multiplier les motifs, contentez-vous de les répéter : espacez-les régulièrement et centrez-les en largeur et en hauteur. Choisissez par exemple la frise du damier – et seulement celle-ci – et la pomme – et seulement la pomme.

À ÉVITER

Ne vous éparpillez pas en choisissant trop de motifs, et privilégiez la verticalité (chemin de table, torchon, serviette) ou l'horizontalité (set de table, tablier) pour les rythmes et les motifs.

Applications

CHEMIN DE TABLE (dimensions fini : 55 x 150 cm), SERVIETTES (dimensions fini : 40 x 40 cm) et TORCHON (dimensions fini : 50 x 70 cm)

• Brodez, en les centrant en largeur et en hauteur, le motif des pommes et la frise en damier (voir page 135) sur deux rectangles de 59 x 12 cm de toile de lin rouge, en blanc naturel. Découpez un rectangle de 59 x 140 cm dans le tissu imprimé. Épinglez, endroit contre endroit, les deux rectangles brodés aux extrémités du tissu et piquez-les à 1 cm du bord. Épinglez du croquet rouge, parallèlement à 3 cm au dessus de l'assemblage toile brodée et imprimé.

• Découpez dans le tissu imprimé des carrés de 44 x 44 cm. Épinglez un morceau de croquet, parallèlement à 5 cm d'un côté d'une serviette. Piquez-le au centre et faites de même sur le côté opposé.

• Brodez, en le centrant en largeur et en hauteur, le motif du damier sur deux rectangles de 13 x 74 cm de toile de lin rouge, en blanc naturel. Découpez dans le tissu imprimé un rectangle de 32 x 74 cm. Épinglez, endroit contre endroit, les deux rectangles brodés sur les grands côtés de la toile à motifs et piquez-les à 1 cm du bord. Épinglez du croquet, à 3 cm de la piqûre sur le tissu à motif. Faites un ourlet double de 1 cm le long du chemin de table, des serviettes et du torchon, en prenant soin de piquer un ruban d'accroche (ou un biais, technique page 140) à l'angle gauche d'un grand côté du torchon (partie brodée). Réalisez les angles en onglet (technique page 141).

TABLIER (dimensions fini : 102 x 104 cm)

Brodez, en le centrant en largeur et en hauteur, le motif du damier sur un rectangle de 25 x 10 cm de toile de lin, en blanc naturel. Marquez au fer un rentré de 5 mm sur les grands côtés.

Découpez un rectangle de 19 x 16 cm pour la poche. Marquez au fer un ourlet double de 5 mm sur tous les côtés et piquez un grand côté à 2 mm du bord (haut de la poche). Reportez-vous au motif page 134 et à la technique page 140 pour réaliser l'appliqué de la pomme.

Réalisez un tablier de 102 x 104 cm en prenant modèle sur votre tablier préféré dans la toile de lin. Épinglez la poche, en la centrant à 12 cm du haut du tablier et piquez les petits côtés et le bas à 2 mm du bord. Épinglez un croquet rouge horizontalement, à 5 cm du haut de la bavette. Faites un ourlet double de 1 cm le long du tablier. Dans la toile de lin, confectionnez du biais pour réaliser les liens du tablier et piquez-les.

Petites idées minute

Brodez des frises en damier sur la toile de lin rouge, et confectionnez des rubans qui serviront d'attache pour les clefs de la maison. Vous pouvez également réaliser des ronds de serviettes avec les mêmes motifs etc.

Graphique chic acidulé

Pour une jolie table : la nappe est en toile imprimée orange, les sets de table à poser dessus sont en toile enduite grise et les serviettes assorties sont en vichy beige brodé...

2.

1 - Popeline de coton à motifs, orange et blanc *(M&C, réf. Telma#5)*

2 - Toile de coton enduite à motifs de perles, taupe et blanc *(F)*

3 - Popeline de coton, vichy beige 1 mm *(STR, réf. 10108)*

4 - Coton à broder, orange *(DMC, Mouliné Spécial 900)*

3.

4.

1.

Pause orangeade

Un joli petit imprimé sur toile de coton à enrichir de rayures de croquets et de biais cousus à plat pour réaliser tablier ou pochettes à serviettes pas comme les autres !

1 – Popeline de coton à fleurs, bleu et orange *(M&C, réf. Twiggy#9)*
2 – Croquet, turquoise *(STR, réf. SH3)*
3 – Biais, clémentine *(LM)*
4 – Boutons en plastique, orange, Ø 15 mm *(LD)*
5 – Coton à broder, orange *(DMC, Mouliné Spécial 740)*

5.

4.

2.

3.

1.

Pomme de reinette

Un all-over de pommes au graphisme enfantin redonne jeunesse à tous vos souvenirs culinaires ! Rehaussé de dentelle et associé à une toile rouge brodée de blanc…

2.

1 – Toile de coton à motifs de pommes, blanc, rouge et rose *(LM, réf. 02044000)*

2 – Toile à broder en lin 12 fils/cm, rouge *(M, réf. CM126)*

3 – Dentelle de coton, verte *(STR. SH5)*

4 – Coton à broder, blanc naturel *(DMC, Mouliné Spécial 3865)*

4.

3.

1.

Le cadre vitrine • Harmonie « Pomme de reinette » ci-contre, explications du modèle page 83.

Esprit torchon

Ambiance intemporelle des cuisines de toujours et pour encore longtemps... Toiles de lin et métisses en camaïeu de tonalités naturelles, à coudre et à broder d'initiales rouges.

2.

1 - Toile à broder en lin 12 fils/cm, à carreaux naturels *(M, réf. 112/90 GL)*

2 - Toile métisse lin et coton, écru *(C, réf. Trousseau écru)*

3 - Toile à broder en lin 12 fils/cm à rayures, naturel et rouge *(M, réf. CM601)*

4 - Coton à broder, rouge *(DMC, Mouliné Spécial 321)*

3.

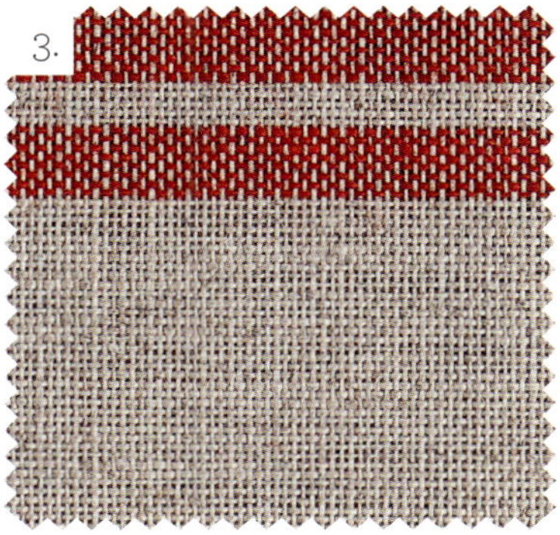

4.

1.

Rouge & naturel

Une rayure de métisse souple pour des rideaux, une nappe... De la toile de lin à broder de petits motifs pour coudre serviettes et petits paniers. On peut ajouter un ruban assorti...

2.

1 - Toile de lin et coton à rayures, écru et rouge *(C, réf. Palette rayé red magique)*

2 - Toile à broder en lin 12 fils/cm, naturel *(M, réf. 112/31)*

3 - Toile à broder en lin 12 fils/cm, rouge *(M, réf. CM126)*

4 - Ruban, rouge, naturel et gris *(Mai)*

3.

5.

4.

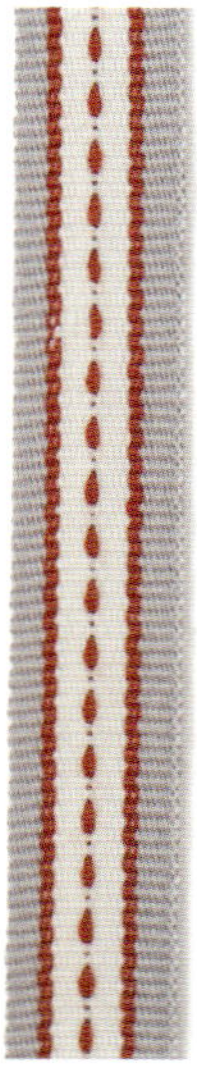

1.

5 - Coton à broder, blanc *(DMC, Mouliné Spécial Blanc)*

Le set de table gourmand

Harmonie « Très marché ! » page 72, photographie page 73, abécédaire page 136.

Fournitures

37 x 24 cm de toile de coton à motifs de trames ondulées, blanc et rouge

47 x 34 cm (set) et 4 x 3,5 cm (étiquette) de toile à broder en lin 12 fils/cm, rouge

2 fois 35 cm de croquet rouge, en 1 cm de large

1 échevette de coton à broder blanc naturel (DMC 3865)

Fil à coudre rouge

BRODERIE

Sur le grand rectangle de toile de lin rouge, brodez avec deux brins sur deux fils de trame les motifs de pommes et de damiers, en blanc naturel. Centrez la composition dans la largeur de la toile, le haut du motif à 2,3 cm du grand côté du haut. Reportez-vous à l'abécédaire et brodez les initiales du propriétaire du set au centre de la petite toile (étiquette). Faites un rentré de 5 mm tout autour et marquez-le au fer.

RÉALISATION

Faites un ourlet double de 1 cm le long de la toile rouge, réalisez les angles en onglet (technique page 141). Sur le rectangle de toile à motifs, épinglez l'étiquette brodée à 3 cm du bord du grand côté du bas et à 2,5 cm du petit côté droit. Épinglez ensuite à 3 cm du bord des grands côtés les deux croquets rouges : le croquet du bas doit superposer le bas de l'étiquette. Piquez au point droit le centre des croquets et l'étiquette à 2 mm des bords. Faites un rentré de 1 cm tout autour du tissu à motifs et marquez-le au fer. Épinglez-le au centre du rectangle de toile rouge, et piquez-le à 2 mm du bord.

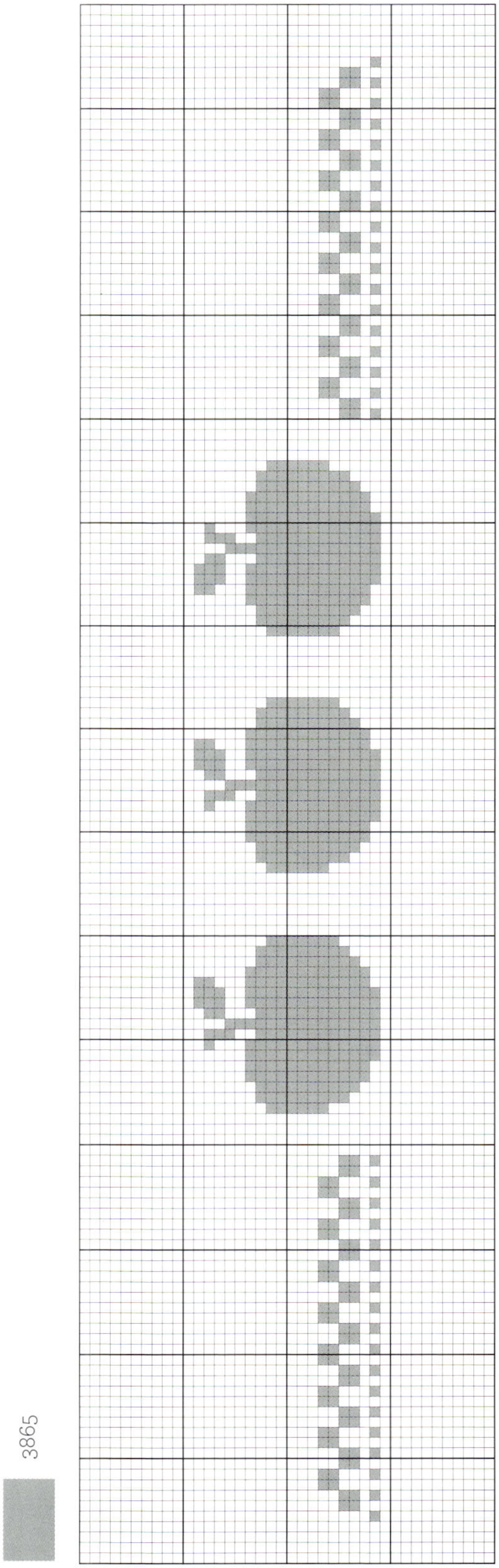

Le cadre vitrine

Harmonie « Pomme de reinette » page 78, abécédaire page 136.

Fournitures

Dimensions en fonction du cadre :
Toile de coton, à motifs de pommes, blanc, rouge et rose
Toile à broder en lin 12 fils/cm, rouge
Dentelle de coton verte, en 1 cm de large
1 échevette de coton à broder blanc naturel (DMC 3865)
Colle blanche
Pinceau brosse
Chiffon propre
Cadre en bois blanc avec un sous-verre

3865

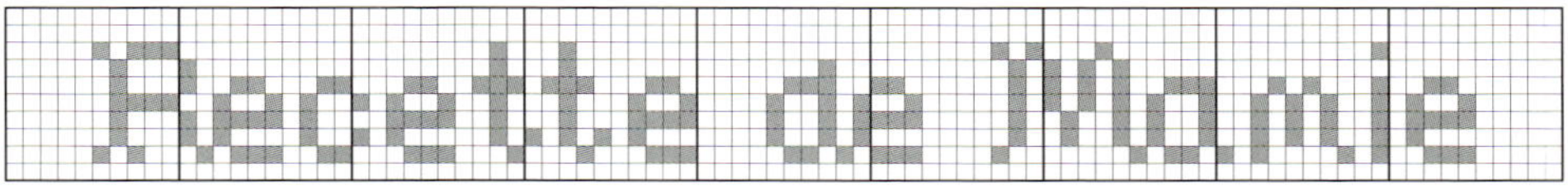

CADRE

Pour déterminer la taille de la toile à motifs, mesurez la largeur totale du cadre, ajoutez 2 fois l'épaisseur de la tranche (+ 5 mm) et 2 fois la largeur du montant du cadre. Ici, le cadre mesure 26 cm. Voici les mesures de la toile :

26 + [(1,25 x 2) + 0,5] + (2 x 4 cm) = 37 cm. Faites le même calcul pour la hauteur.

Découpez la toile à motifs aux dimensions obtenues. Faites une encoche en croix au centre du tissu et gainez le cadre (technique page 140) : encollez-le et posez-le en le centrant sur l'envers du tissu. Glissez les ciseaux dans l'encoche en croix et coupez en diagonale jusqu'à 2 mm de chaque angle. Coupez l'excédent de tissu à 2 cm du bord. Découpez de petits carrés de tissus et collez-les dans chaque angle car les quatre pans de tissus ne recouvriront pas totalement les angles. Encollez les deux tranches (intérieure et extérieure) et rabattez les pans un à un. Encollez le dos du montant et rabattez le tissu. Au recto du cadre, sur le bord intérieur, appliquez de la colle blanche sur 1 cm et collez la dentelle de coton. Découpez, encollez et appliquez les quatre cotés, un à un. Soignez les angles en réalisant dans la dentelle des coupes en onglet.

FOND

Ouvrez le cadre et servez-vous du fond comme gabarit. Reportez-le sur la toile de lin rouge et découpez-la à 2 cm du tracé. Posez votre photo ou votre recette en la centrant dans la largeur. Découpez une bande de papier de 1,2 cm de haut (hauteur des lettres brodée) et posez-la sous la photo. Déterminez ainsi l'emplacement idéal de la photo et de la phrase brodée pour les centrer verticalement dans le fond. Reportez-vous à l'abécédaire et brodez au point de croix la légende de votre choix avec deux brins sur deux fils de trame, en blanc naturel.

Note :
Vous trouverez pages 135-136 d'autres motifs pour personnaliser votre cadre en fonction de son contenu ou des motifs du tissu choisis.

Boîte à douceurs – janvier 2013
Isabelle Picot *Gourmandises des quatre saisons*

Nappe – juin 2013
Marie-Anne Réthoret-Mélin et Perrette Samouïloff
La cuisine en rouge et bis

Mes projets en cours

échantillon n°1

Harmonie retenue

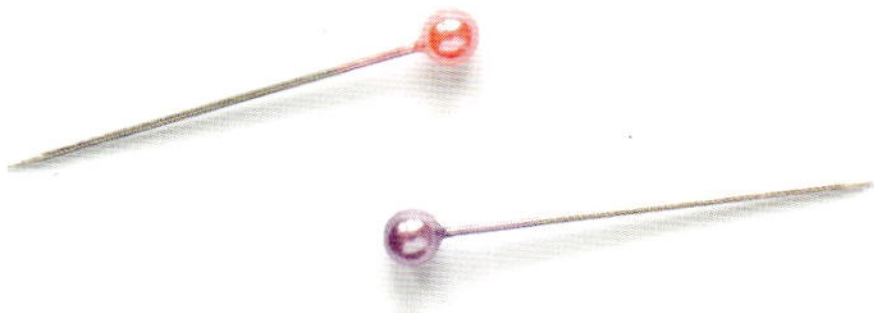

échantillon n°2

échantillon n°3

Cotons à broder/ fils à coudre

Biais et passepoils

déco

Le salon est la pièce de la maison toute dédiée à la décoration. C'est l'expression de soi puisqu'on y reçoit les autres, la famille comme les amis. La pièce doit être confortable et chaleureuse... Elle doit être pensée pour réunir petits et grands tout à la fois ! Au cœur de la pièce, il y a le canapé sur lequel des coussins et des plaids peuvent être posés pour donner du caractère à un volume souvent sobre et dans des tonalités neutres. Et comme il est vraiment plus facile de changer de coussins que de canapé, il est conseillé de coordonner les imprimés géométriques qui permettent de jolies associations et de jouer avec les échelles des dessins – petits ou grands – en recto-verso ou en série. Privilégiez les unis pour les rideaux, les grandes surfaces et personnalisez-les en les brodant !

MERCHANT & MILLS
25
FINEST NEEDLES
Carolyn N.K. Denham
PATTERNS NOTIONS CLOTH PROJECTS COURSES
coton imprimé triangles
toile de lin à broder
tissu matelassé (surpiqûre blanche)

Fleurs atomiques

Une petite toile de coton imprimée au recto, de la laine bouillie unie au verso… Un biais pour ajouter une touche colorée et des boutons coordonnés pour signer votre création !

2.

1 – Toile de coton à motifs, blanc et bleu *(M&C, réf. Agathe#15)*

2 – Laine bouillie Mérinos fine, turquoise *(STR, réf. 2366)*

3 – Biais, chocolat *(LM)*

4 – Boutons en tissu à motifs, bleu et marron, Ø 23 mm *(PP, réf. motif Coquelicot vert)*

4.

3.

1.

Petits pois

Très originaux par leur teinte indigo et leur composition, ces pois se coordonnent à de la laine bouillie brune qui peut être brodée de larges points avant, et se soulignent de biais bleu glacier.

2.

1 – Toile de coton épaisse à pois, indigo et blanc *(LZC, réf. Millepois)*

2 – Laine bouillie Mérinos fine, vison *(STR, réf. 1212)*

3 – Toile à broder en lin 12 fils/cm, acier *(M, réf. CM117)*

4 – Biais, bleu glacier *(LM)*

5 – Cotons pour tapisserie, vert, rouge, bleu *(DMC, Retors mat 2952, 2946 et 2996)*

3.

5.

4.

1.

Triangles en grand

Pour une pièce à vivre : des rideaux en voile de lin rouge, des coussins brodés de motifs monochromes corail sur toile de lin bleu ou confectionnés dans l'imprimé de triangles...

2.

1 – Toile de coton à motifs de triangles, blanc, vert, bleu et rouge *(LM, réf. 13008MGC)*

2 – Toile à broder en lin 12 fils/cm, glacier *(M, réf. CM105)*

3 – Toile de lin voile, tomate *(C, réf. Tramontane)*

4 – Passepoil faux cuir, rouge *(LM)*

3.

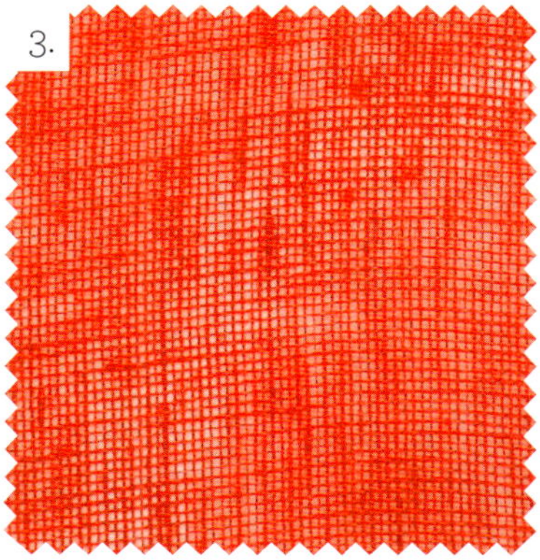

5.

4.

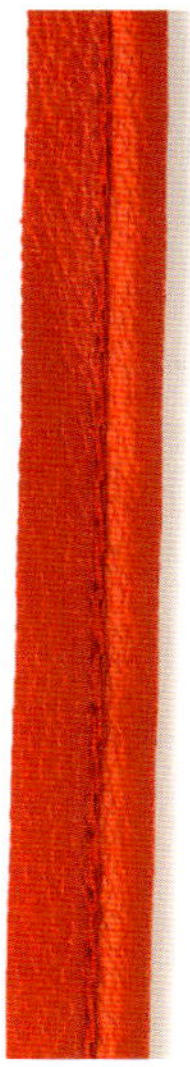

1.

5 – Coton à broder, corail
(DMC, Mouliné Spécial 3801)

Trompe l'œil

Sur un air de géométrie, du moutarde et des variations de gris et de cacao...
Cette harmonie permet d'associer des imprimés à un uni brodé en recto/verso ou en série.

2.

1 – Toile de coton à motifs de cubes, moutarde, blanc et bleu *(LM, réf. 13011MGC)*

2 – Toile de coton à motifs de losanges, moutarde, blanc et taupe *(LM, réf. 13010MGC)*

3 – Toile à broder en lin 12 fils/cm, glacier *(M, réf. CM105)*

3.

5.

4.

1.

4 – Biais taupe *(LM)*

5 – Coton à broder, marron *(DMC, Mouliné Spécial 838)*

Rythmes nordiques

Une harmonie particulièrement raffinée et contemporaine, tant du point de vue des couleurs que des matières : idéale pour imaginer un coussin de sol ou un abat-jour…

2.

1 – Toile de coton à motifs de losanges, blanc, vert et bleu *(LM, réf. 13009GMA)*

2 – Laine bouillie Mérinos fine, lama *(STR, réf. 1209)*

3 – Biais, vert anis *(LM)*

4 – Boutons en bois, Ø 24 mm et 22 mm *(STR)*

4.

3.

1.

Les coussins déco • Harmonies « Rythmes nordiques » ci-contre, « Fleurs atomiques » page 88 et « Petits pois » page 89, explications des modèles page 102.

Déclinaison des harmonies « Fleurs atomiques » page 88, « Petits pois » page 89 et « Rythmes nordiques » page 92 :

Créer un intérieur riche en motifs mais cohérent.

Quelques conseils pour réussir

À FAIRE

Pour une pièce comme un salon, vous pouvez choisir de réunir trois harmonies et créer ainsi une déco plus sophistiquée. Réunissez-les parce que vous les aimez mais aussi en confrontant : leur(s) couleur(s), l'échelle de leurs motifs, leur style, leur matière. Associez à chacun d'eux de la laine bouillie pour son confort et sa chaleur. Choisissez-la unie, vous pouvez reprendre une couleur du tissu imprimé ou rechercher à jouer les contrastes : même principe pour le biais ou le passepoil qui apporteront la note colorée supplémentaire.

Poursuivez la personnalisation en brodant sur la laine bouillie, des motifs au point avant avec du coton à broder pour tapisserie (technique page 142). Improvisez de grands motifs aux figures simples - ovales concentriques, étoiles, croix - ou des lettres et chiffres géants en les centrant bien.

À ÉVITER

Ne répétez pas deux fois le même tissu dans la même pièce sauf éventuellement pour la réalisation de coussins et de boîtes (explications page 102). Recherchez plutôt des séries de motifs, des tissus assortis, travaillés en collection.

Applications

COUSSIN DE SOL XXL (dimensions fini : 140 x 110 cm)

Réalisez une étiquette (technique page 140) de 9 x 8 cm, en trois brins sur trois fils de trame, avec du fil à broder marron (DMC 838) sur une toile de lin bleue (CM117). Coupez une bande de 41 x 110 cm et un rectangle de 140 x 110 cm dans la laine bouillie vison et un rectangle de 101 x 110 cm dans la laine bouillie turquoise. Épinglez-les, endroit contre endroit, et piquez-les à 1 cm du bord. Brodez une étoile au point avant en la centrant sur l'assemblage, avec du coton à broder pour tapisserie rouge (DMC Retors Mat 2946). Épinglez l'assemblage brodé et le rectangle vison, envers contre envers. Insérez l'étiquette entre les deux tissus à 10 cm de l'angle vison. Piquez les deux rectangles à 3 cm du bord avec un fil à coudre vison, en prenant l'étiquette dans la couture et en laissant une ouverture pour insérez 350 litres de billes de polystyrène de remplissage puis refermez.

ABAT-JOUR

Choisissez un abat-jour cylindrique assez grand, blanc, d'environ 40 cm de diamètre. Réalisez un gabarit en faisant rouler l'abat-jour sur une feuille de papier. Ajoutez 1 cm en largeur pour la patte de collage. Découpez votre tissu aux dimensions obtenues - ici une toile de coton à motifs de losanges dont la couleur moutarde sera reprise sur l'un des murs, ce qui donne du caractère à la pièce. Collez le tissu sur l'abat-jour avec de la colle blanche appliquée à la brosse et terminez en collant de la même manière un biais vert à cheval en haut et en bas.

BOÎTES DE RANGEMENTS ASSORTIES

Sélectionnez trois tissus à motifs dont les couleurs s'harmonisent bien ensemble. Gainez trois boîtes de mêmes dimensions (technique page 140), chacune avec un tissu différent (couvercle et boîte). Amusez-vous ensuite à permuter les couvercles et à marier et démarier les combinaisons de motifs.

Choisissez une teinte du tissu pour peindre un mur au panneau et donner du caractère à la pièce.

N'utilisez qu'une ou deux fois le tissu à motifs d'une harmonie.

Pour un effet sophistiqué, sélectionnez trois tissus imprimés issus de trois harmonies différentes. Choisissez des motifs très graphiques dont les couleurs s'harmonisent bien entre elles.

Pour vous aidez, sélectionnez vos tissus à motifs parmi la même collection d'un fournisseur.

Petites idées minute

Vous pouvez également recouvrir des cadres à larges bords (explications page 83) pour accorder la déco des murs à vos accessoires (coussins, plaid) mais en choisissant des unis assortis pour ne pas charger la déco.

Découpages graphiques

Camaïeu de bleus, touches de rouge, pour cet imprimé de triangles sur toile de coton qui peut être transformé en quantité de projets : nappe, sacs, cadres, rideaux, coussins...

1 – Toile de coton à motifs de triangles, bleu marine, blanc et bleus *(LM, réf. 02024000)*

2 – Passepoil, rouge cerise *(LM)*

3 – Biais, bleu canard *(LM)*

4 – Boutons en bois, naturel, Ø 30 mm *(STR)*

5 – Coton à broder, bleu foncé *(DMC, Mouliné Spécial 336)*

5.

4.

2.

3.

1.

Lignes bicolores

Point de départ d'une série de coussins raffinés et graphiques. Pour se jouer des imprimés et des matières : toile de coton imprimée, toile de lin brodée et sergé de laine surfine...

2.

1 – Toile de coton à motifs graphiques, blanc, noir et rouge *(LM, réf. HELIXNR)*

2 – Sergé de laine superfine, noir *(STR, réf. 0699, col. 15)*

3 – Toile à broder en lin 12 fils/cm, flanelle *(M, réf. CM129)*

4 – Coton à broder, blanc *(DMC, Mouliné Spécial Blanc)*

3.

4.

1.

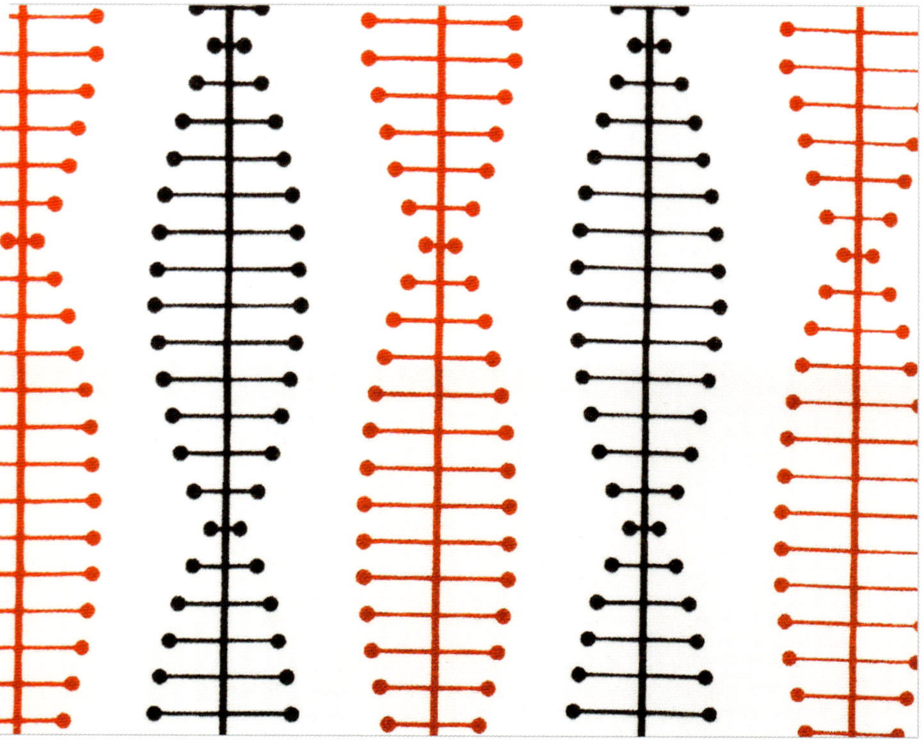

Douce géométrie

Seulement des matières qui invitent à se reposer : Teddydou naturel au recto du plaid et un coton bicolore imprimé au verso. Le dessin est surpiqué pour créer le matelassage et souligner l'imprimé…

2.

1 – Toile de coton à motifs géométriques, moutarde et blanc *(LM, réf. 02048000)*

2 – Fausse fourrure en polyester, ivoire *(STR, réf. Teddydou 4529, col. 12)*

3 – Biais, gris clair *(LM)*

4 – Boutons recouverts de batiste, olive *(FDS)*

4.

3.

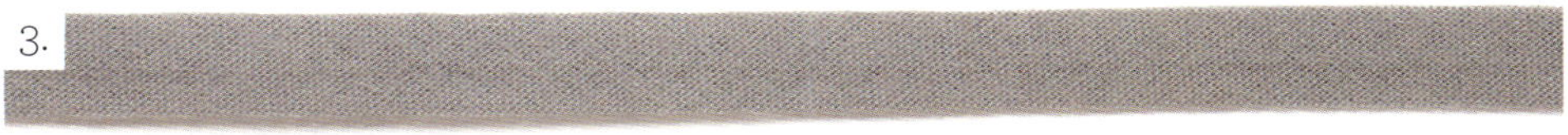

1.

Un plaid tout en douceur • Harmonie « Douce géométrie » ci-contre, explications du modèle pages 103.

Jeu de silhouettes

Un motif original à surpiquer pour créer un molletonnage intéressant. Idéal pour réaliser un plaid dont le verso sera une popeline unie pomme ou aqua. Un biais finit bien le travail...

2.

1 - Toile de coton à motifs de lampes, noir, bleu, vert et gris *(LM, réf. T02KELLY)*

2 - Popeline de coton, pomme *(STR, réf. 11 0249, col.22)*

3 - Popeline de coton, aqua *(STR, réf. 11 0249, col. 25)*

4 - Biais, bleu glacier *(LM)*

3.

5.

4.

1.

5 - Coton à broder, gris moyen *(DMC, Mouliné Spécial 317)*

Pop modules

Adorable petit géométrique imprimé sur une toile de coton très douce : pour tous les coussins, sacs d'ouvrages et plaids du salon mais aussi pour de petites robes ou de la papeterie !

1 – Toile de coton bio à motifs géométriques, blanc, moutarde, gris, turquoise et noir *(LM, réf. 11004MOU)*

2 – Biais à pois, noir et blanc *(STR, réf. B-P111)*

3 – Passepoil, bleu canard *(LM)*

4 – Boutons en métal argenté *(STR)*

5 – Coton à broder, turquoise *(DMC, Mouliné Spécial 3846)*

5.

4.

2.

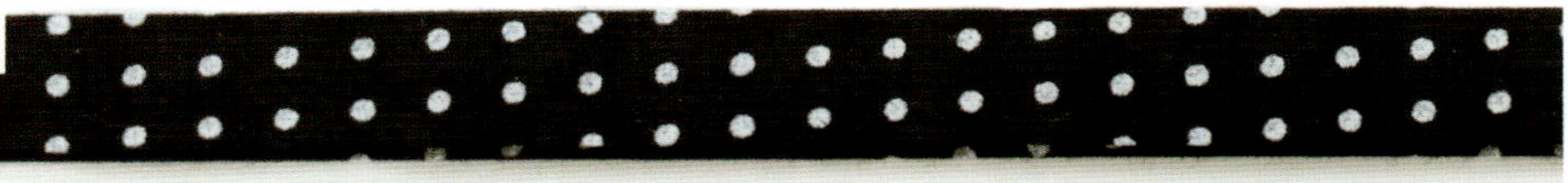

3.

1.

Les coussins déco

Harmonies « Rythmes nordiques » page 92, « Fleurs atomiques » page 88 et « Petits pois » page 89, photographie page 7, motif page 141.

Coussin petit modèle

Fournitures

Petit coussin (dimensions fini : 42 x 42 cm)

44 x 44 cm de toile de coton à motifs, blanc et bleu
44 x 44 cm de laine bouillie Mérinos fine, turquoise
1,80 m de biais, chocolat
Fermeture à glissière invisible de 25 cm, bleue ou chocolat
2 fois 44 x 44 cm de batiste blanche
Fils à coudre blanc, chocolat et turquoise
400 g de ouate de rembourrage

Moyen (dimensions fini : 46 x 46 cm)

48 x 48 cm de toile de coton épaisse à pois, indigo et blanc
48 x 48 cm de laine bouillie Mérinos fine, vison
2 m de biais, bleu glacier
1 échevette de coton à broder pour tapisserie (DMC retors mat) : vert (2952), rouge (2946) et bleu (2996)
1 fermeture à glissière invisible de 25 cm, indigo ou vison
2 fois 48 x 48 cm de batiste blanche
Fils à coudre, blanc, bleu acier et vison
500 g de ouate de rembourrage

Grand (dimensions fini : 78 x 78 cm)

80 x 80 cm de toile de coton blanche à motifs de losanges, verts et bleus
80 x 80 cm de laine bouillie Mérinos fine, lama
3,3 m de biais, vert anis
1 fermeture à glissière invisible de 40 cm blanche
2 fois 80 x 80 cm de batiste blanche
1 kg de ouate de rembourrage

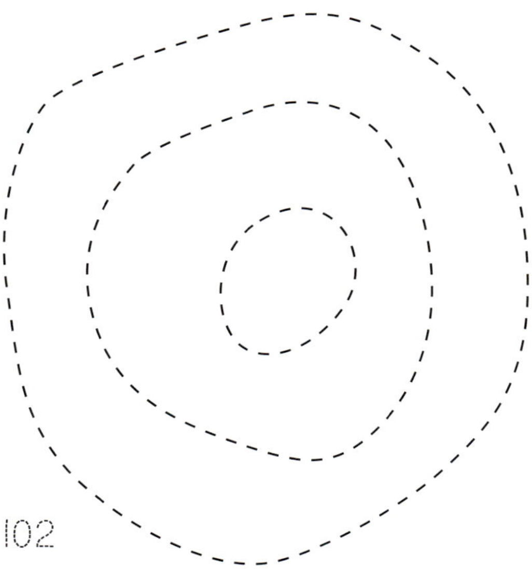

HOUSSE

Épinglez, envers contre envers, les deux carrés de batiste blanche. Faites un ourlet double de 1 cm sur les côtés et piquez à 5 mm du bord avec le fil à coudre blanc, en laissant une ouverture de 7 cm environ. Retournez la housse sur l'endroit et garnissez-la d'ouate de rembourrage. Faites un rentré le long de l'ouverture et piquez-la à 5 mm du bord.

COUSSIN

Ouvrez le biais en deux. En laissant dépasser son extrémité sur 1 cm, épinglez un de ses grands côtés endroit contre endroit, à 1 cm du bord d'un rectangle de laine bouillie. Piquez-les ensemble sur l'envers du biais à 5 mm de son bord. Faites ainsi le tour du carré de laine avec le biais, en réalisant de petites pinces dans chaque angle. Arrêtez la couture 24 cm avant la fin du dernier côté : c'est ici que vous fixerez la fermeture à glissière invisible. Procédez de la même manière, pour épingler et piquer l'autre grand côté du biais sur le carré de tissu à motifs : la laine et le tissu sont ainsi assemblés endroit contre endroit par le biais. Sur l'ouverture du coussin, faites un rentré, envers contre envers, de 1 cm sur la laine et le tissu à motifs. Repliez le biais, envers contre envers et épinglez-le à cheval sur le bord plié du tissu à motifs. Épinglez le haut de la fermeture à glissière à 2 mm du bord du biais toujours sur l'envers du coussin. Piquez le biais à 2 mm du bord, en prenant bien toutes les épaisseurs (tissu à motifs, biais et fermeture). Épinglez l'autre partie de la fermeture à 2 mm du bord de la laine, toujours sur l'envers du coussin et piquez à 1 cm du bord avec le fil à coudre turquoise. Faites un ourlet de finition à l'extrémité du biais qui dépasse dans l'angle. Retournez sur l'endroit. Glissez la housse dans le coussin.

Variante :
Pour le coussin moyen, agrandissez le motif à 250 % et tracez-le, en le centrant au dos du carré de laine bouillie. Brodez-le au point avant : point = 1 cm, espace = 1 cm).

Un plaid tout en douceur

Harmonie « Douce géométrie » page 98, photographie page 99.

Fournitures

112 x 222 cm de toile de coton moutarde à motifs géométriques blancs

112 x 222 cm de fausse fourrure en polyester, ivoire

7 m de biais, gris clair

110 x 220 cm de ouate de polyester pour matelassage au mètre, en 4 mm

Fils à coudre blanc et gris clair

Épinglez, envers contre envers la toile et la fausse fourrure, en insérant entre les eux, le molleton, en le centrant à 1 cm des bords. En fonction de votre motif, réalisez un matelassage avec un fil à coudre assorti aux motifs (technique page 141). Pour cet imprimé, piquez des lignes diagonales qui se croisent sur le motif, tous les 6 modules avec un fil à coudre blanc (voir schéma des pointillés ci-dessous).

Épinglez le biais à cheval sur les bords des deux tissus, et piquez-le à 2 mm du bord avec le fil à coudre gris clair.

Astuce :
Adaptez le matelassage à votre tissu, en choisissant un fil à coudre assorti au motif : voir suggestions ci-dessous.

Échantillon n°1, page 98
Toile de coton moutarde à motifs géométriques blanc. Fil à coudre blanc.

Échantillon n°1, page 90
Toile de coton à motifs de triangles blancs, verts, bleus et rouge. Fil à coudre blanc. Photographie page 87.

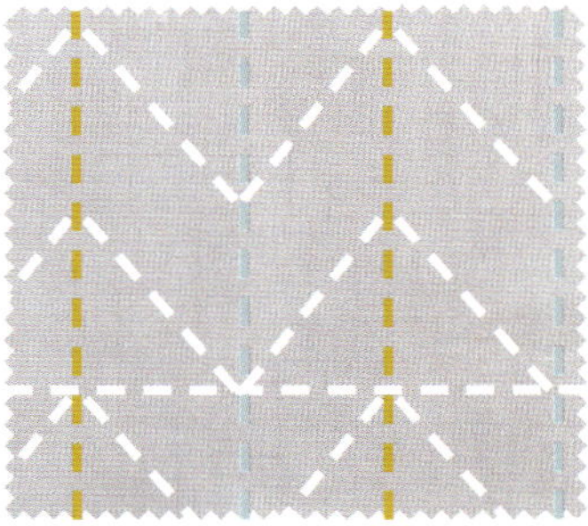

Échantillon n°2, page 28. Fil à fil pur coton, gris perle.
Fils à coudre moutarde, turquoise et blanc.

Échantillon n°1, page 100
Toile de coton noire, à motifs de lampe, bleus, gris et verts. Fil à coudre gris clair et contour des motifs en piqué libre. Relevez le pied de biche de votre machine et surpiquez le long du tracé du motif.

Échantillon n°1, page 101
Toile de coton blanche, à motifs géométriques moutardes, gris, turquoises et noirs. Fil à coudre moutarde.

Coussins graphiques – octobre 2012
Chloé et Léa EVE *Motifs et compagnie*

Petit carnet – octobre 2012
Chloé et Léa EVE *Motifs et compagnie*

Mes projets en cours

échantillon n°1

Harmonie retenue

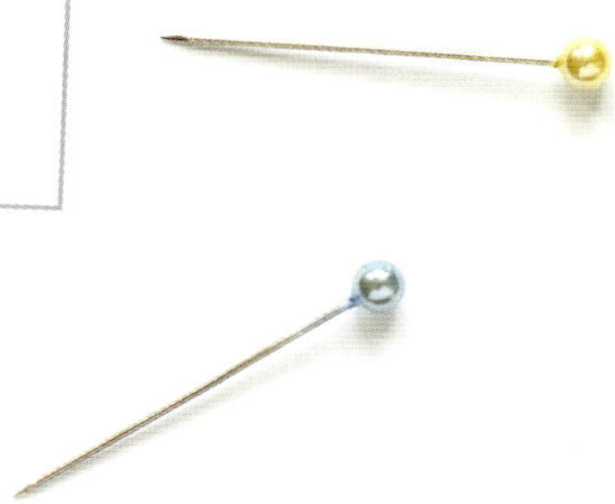

échantillon n°2

Cotons à broder/ fils à coudre

échantillon n°3

Biais et passepoils

Lexique

ARMURE L'armure est le mode d'entrecroisement des fils de chaîne et des fils de trame qui constituent un tissu.

BIAIS Un biais est une bande de tissu coupée en oblique – généralement à 45° – par rapport aux droits fils du tissu (chaîne et trame). Cette bande est ensuite pliée plusieurs fois sur elle-même.

BATISTE Autrefois, la batiste était de lin, aujourd'hui elle est de coton. Plus légère qu'une popeline, elle est douce au toucher avec une légère transparence. Très employée pour les vêtements d'enfants, elle convient pour tout type de confection.

BRODERIE ANGLAISE Toile de coton brodée d'œillets au point de bourdon et ajourés.

CHEVRON Armure dérivée des sergés caractérisée par son motif géométrique de zig zag. Il existe des chevrons de toutes sortes de fibres : coton, laine, lin et métis, etc.

DENIM Tissu sergé et souvent bleu dont le plus célèbre sert à fabriquer les jeans. Son nom est une contraction de la ville de Nîmes. C'est une toile de coton à armure de sergé.

DRAP (DE LAINE) Étoffe résistante de laine – pure ou mêlée à d'autres matières – dont les fibres sont feutrées.

ÉTAMINE Étoffe de coton, de laine ou de lin dont le tissage à trame régulière est très ouvert. Également canevas en lin ou en coton à tissage régulier très apprêté utilisé en broderie.

ENDUCTION (TISSU ENDUIT) Action qui consiste à revêtir une surface – en l'occurrence une toile – avec un produit destiné à en modifier l'usage et l'aspect. Les tissus enduits offrent l'avantage de pouvoir être lavés à l'éponge. Attention cependant à leur entretien : ils peuvent se laver éventuellement à froid en machine (et uniquement à froid sans essorage). Le sèche-linge est interdit mais vous pouvez les repasser sur l'envers (côté tissu) avec un fer tiède sans vapeur.

ÉPONGE Les tissus éponges sont appelés ainsi car ils ont une grande capacité à absorber des liquides. On les fabrique en utilisant deux fils de chaîne et un fil de trame : le premier fil de chaîne s'appelle « fond » et constitue l'ossature du tissu tandis que le second, appelé « effet » ou « de bouclette », forme la surface bouclée. On utilise des verges à couteau, sortes de baguettes métalliques qui contraignent le fil de chaîne au moment du tissage. La hauteur de la verge donne la hauteur de la boucle. Il existe surtout des éponges de coton, mais également de chanvre, de lin et de viscose de bambou...

FEUTRINE (LAINE BOUILLIE, FEUTRE) Tissu de laine feutrée souvent teinté de couleurs vives. Il a une stabilité dimensionnelle liée au fait qu'il ait déjà été feutré. Il existe des feutrines synthétiques utilisées en loisirs créatifs mais à l'entretien compliqué et peu fiable.

FIL À FIL Popeline de coton avec un effet chiné subtil qui provient du fait que l'on alterne, en trame comme en chaîne, un fil foncé avec un fil clair.

FOURRURE Peau animale recouverte de ses poils qui, après différentes opérations, permet son utilisation en confection. Il existe aussi des fourrures synthétiques qui les imitent à merveille.

GLITTER Effet de paillettes assez grossières pour un effet scintillant maximum.

JEANS voir **DENIM**

JERSEY Le jersey est un tissu fin tricoté, destiné principalement à l'habillement. Son nom vient de l'île du même nom où il fut produit depuis le Moyen-Âge.

LAINE BOUILLIE Tissu dont la laine a d'abord été tissée puis chauffée pour obtenir l'effet feutré.

LIBERTY Tissu décoré de petits motifs. Marque célèbre du nom de l'inventeur Arthur Lasenby Liberty qui fut par ailleurs l'un des initiateurs du mouvement « Arts & Craft » au Royaume-Uni. Les tissus Liberty proposent une riche collection de tissus imprimés.

LIN LAVÉ Obtenu grâce à des lavages à haute température ou au séchage en tambour, le lin lavé existe dans de nombreux coloris toujours très doux. Il offre un aspect patiné et vieilli, délicatement froissé et son touché est doux. Son tombé est lourd. On ne le repasse pas.

MÉTISSE (OU MÉTIS) Se dit d'un tissu composé de deux fibres textile différentes. La toile métisse doit quant à elle contenir au moins 45 % de lin.

NATTÉ (OU PANAMA) Ce tissu robuste est dérivé de l'armure de la toile. Son nom indique que son tissage est similaire au chapeau du même nom, de tressage carré obtenu en tissant des fibres régulières simultanément, en utilisant le même nombre de fils de chaîne que de fils de trame (deux et deux par exemple). On l'utilise avec du coton, de la laine, de la soie, du chanvre et de la fibre de palmier pour le fameux chapeau !

NID D'ABEILLE Tissu de coton dont le tissage forme un dessin de petites alvéoles. Il est principalement utilisé pour le linge de toilette car il offre des qualités d'absorption exceptionnelles.

PASSEPOIL Bande de tissu, de cuir ou de cuir synthétique à prendre dans une couture pour former un liseré décoratif. On le réalise en glissant et piquant un cordonnet dans un biais.

PERCALE C'est un tissu très fin et de très belle qualité. On l'utilise particulièrement en literie pour son toucher doux et soyeux. Il est généralement de coton – on privilégie le tissage de fibres longues – mais pas seulement car son nom indique seulement qu'il est composé de 80 fils/cm² au minimum. Il est donc possible de trouver des percales de coton/polyester et d'autres mélanges.

PIED DE POULE Tissu bicolore dont le motif tissé dans une sorte de damier rappelle l'empreinte de l'animal.

PIQUÉ DE COTON Tissu qui simule le travail d'une piqûre à l'aiguille sur tissu rembourré.

POPELINE Tissu léger de soie, de coton, de laine ou de lin. Son nom vient de l'ancien français papeline. La popeline est une toile fine, opaque au tissage serré. Elle est souvent employée pour des tuniques, jupes mais aussi coussins et housses de couette... Très facile à coudre, elle est aussi très agréable à porter.

PRINCE-DE-GALLES C'est un tissu en laine à motifs de grands carreaux bicolores, dont le croisement des lignes verticales et horizontales réalise des motifs de pied de poule.

SATIN Nom d'une des trois armures fondamentales qui donne au tissu une face lisse et brillante. Il y a quantité de satins, traditionnellement en coton ou en laine mais actuellement il en existe aussi en synthétique – en polyester principalement.

SERGÉ Nom d'une des trois armures fondamentales et par la suite d'un tissage qui se développe en diagonale et offre une solidité incomparable, bien supérieure à celle de la toile. On trouve des sergés de coton, de laine, de soie, etc.

TANA LAWN (LIBERTY OU BATISTE DE) La qualité la plus connue des tissus Liberty. C'est une fine batiste en 100 % coton, tissé bien serré. Il a le toucher de la soie : doux, léger et très agréable à porter.

TARTAN ÉCOSSAIS Étoffe de laine à carreaux de couleur très répandue en Écosse et typique des peuples celtes. Ils servaient notamment à la confection des kilts. Chaque famille – chaque clan – avait traditionnellement son dessin et ses couleurs particuliers.

TOILE (OU UNI) Nom d'une des trois armures fondamentales et véritablement la plus simple et la plus ancienne. Elle consiste en effet à faire se croiser dessus/dessous un fil de chaîne et un fil de trame. Elle peut être de toute fibre et son usage est très transversal, de l'agriculture à la couture...

TOILE À BRODER Il s'agit de toiles de coton ou de lin qui ont une toile très régulière et sont très apprêtées de façon à rendre plus facile le comptage des points, surtout pour la technique de points comptés au point de croix.

TULLE Tissu mince, léger et transparent formé d'un réseau de mailles hexagonales, arrondies, allongées ou carrées. En coton ou en soie mais également en synthétique. Son nom provient de la ville de Tulle.

VELOURS C'est un tissu qui est réalisé avec une double nappe de fils de chaîne. La première nappe est « le fond », fils impairs par exemple, la seconde nappe, fils pairs, constitue le velours. On utilise des verges à couteau, sortes de baguettes métalliques qui contraignent le fil de chaîne au moment du tissage et le sectionnent lorsqu'elles sont retirées. La hauteur de la verge donne la hauteur du velours. On peut réaliser du velours avec quantité de fibres naturelles et synthétiques.

VICHY Toile de coton dont le motif de carreaux tricolores se fait dans le tissage par l'alternance de deux couleurs de fils – blanc et couleur – tant en chaîne qu'en trame. En croisant le blanc, les fils créent une troisième couleur. La taille des carreaux varie à l'infini.

Fournisseurs par ordre alphabétique

Tous les échantillons présentés dans les harmonies et le catalogue sont référencés afin que vous puissiez les retrouver facilement chez les fournisseurs : les premières lettres correspondent à l'abréviation du fabricant (liste ci-dessous), suivies de la référence exacte du produit lorsqu'elle existe).

AS : *ATOMIC SODA*
www.atomicsoda.fr

B : *BRAQUENIÉ*
www.pierrefrey.com/collection/braquenie

C : *CHARVET ÉDITIONS*
www.charveteditions.com

DMC : *DMC*
www.boutique-dmc.fr

F : *FLEUR DE SOLEIL*
www.fleursdesoleil.fr

FDS : *FRANCE DUVAL STALLA*
www.franceduvalstalla.com

IE : *IE*
ieboutique.com

LD : *LA DROGUERIE*
http://tricots-de-la-droguerie.fr

LM : *LINNA MORATA*
www.linnamorata.com

LZC : *LZC*
www.atelierlzc.com

M&L : *MACON & LESQUOY*
www.maconetlesquoy.com/shop

MAI : *MAILEG*
www.maileg.dk

M : *MILPOINT*
milpoint.com

MI : *MIMILOU*
www.mimilou-shop.fr

MINIL : *MINI LABO*
www.minilabo.fr

M&C : *MOTIFS ET CIE*
www.motifs-et-cie.com

OB : *ODILE BAILLOEUL*
www.odilebailloeul.com

PP : *PETIT PAN*
www.petitpan.com

PF : *PIERRE FREY*
www.pierrefrey.com

STR : *STRAGIER*
http://stragier.blogspot.com
http://tissusliberty.blogspot.com
http://cotonsunis.blogspot.com

TGA : *TOGA, GAMME DE PRODUITS DAILYLIKE*
www.toga-le-site.com

Remerciements

L'auteur adresse un grand merci à ses précieuses et fidèles collaboratrices Charlette Deseille pour la couture et Martine Serre pour la broderie.
Merci à Nathalie, Catherine et Nicolas pour leur enthousiasme et leur patience !
Merci à Lélia et Régis pour les photos du livre...
Merci également à Sonia Ezgulian dont un fac similé d'une recette (extraite de son livre « Cuisinière catalane » paru aux éditions Stéphane Bachès) est reproduit dans le cadre vitrine page 79.

L'éditeur tient à remercier tous les fournisseurs qui ont très gentiment ouvert leurs portes à notre auteur et ont contribué à la grande richesse de ce livre. Merci à tous.

Voici la liste des tissus utilisés en couverture :

1ère de couverture (de haut en bas et de gauche à droite) : *Popeline de coton à motifs de fleurs, fuchsia (M&C, réf. Agathe #10);Toile de coton enduite à grands motifs géométriques, vert et blanc (F, réf. Mosaïque vert) ; Toile de coton enduite à fleurs, gris, blanc, rose et rouge (PP, réf. Fleur des îles gris) ; Bouton fleur en bambou, naturel, Ø 15 mm (STR, réf. 2005-0002) ; Bouton en Liberty, blanc, rose et anis, Ø 14 mm (STR, réf. Liberty Rania, col. D) ; Toile de coton à fleurs, jaune, blanc, vert et marron (MiniL, réf. AS/MI M2012) ; Toile de coton à motifs géométriques, moutarde et blanc (LM, réf. 02048000) ; Toile de coton à motifs de cubes, moutarde, blanc et bleu (LM, réf. 13011MGC)*

4e de couverture (de haut en bas et de gauche à droite) : *Toile de coton à motifs géométriques, orange, blanc et marron (PP, réf. Kokoro orange) ; Batiste Liberty, blanc, turquoise et orange (STR, réf. Katie & Millie, col. C) ; Toile de coton à motifs de triangles, blanc, vert, bleu et rouge (LM, réf. 13008MGC) ; Bouton en tissu (STR, réf. Liberty Capel 3055 Z) ; Bouton en tissu à motifs, multicolore, Ø 23 mm (PP, réf. motif Mikko)*

catalogue

CATALOGUE

Voici réunis sous forme de pages de collections toutes les matières et accessoires indispensables à un projet couture. Collections de tissus, de rubans, de croquets, de dentelle, de biais, de passepoils, de boutons, d'écussons thermocollants, d'étiquettes, de transferts textiles, de toiles et de galons à broder ainsi que toute la gamme de coton à broder DMC...

Un joli inventaire, certes bien loin d'être exhaustif mais qui reprend en approfondissant les univers des pages d'harmonies des thèmes précédents, ce qui vous permettra d'imaginer et de réaliser de nombreuses créations... Sans oublier des conseils pour ranger et classer vos propres collections !

Tous les échantillons présentés sont référencés afin que vous puissiez les retrouver si vous les aimez. Les matières suivies d'un astérisque sont définies dans le lexique page 143.

étoile - coton
carnet toile lin
sac fil à fil
coussin - feutre de laine
set table - coton
sac velours
cabas coton enduit
coussin coton
housse fil à fil
étiquette à coudre
biais coton
biais / dentelle
DMC 3705

Dans l'atelier : *quelques pistes pour vous organiser !*

L'atelier est l'endroit où tout se crée, se range et se stocke... Tout l'art consiste à organiser au mieux les coups de cœur accumulés, afin de les retrouver facilement, dès que l'idée pour les transformer en jolie création est là...

Les tissus

LE RANGEMENT

L'idéal est de les stocker à l'abri de la lumière dans des commodes, armoires, tiroirs ou boîtes. Méfiez-vous du bois brut qui peut faire jaunir les tissus. Pour éviter cet inconvénient, posez du papier de soie ou du papier peint sur les étagères.

Rangés en piles soignées, les tissus prennent moins de place et sont faciles à identifier quand on les cherche. Un gabarit de carton permet de plier chaque pièce aux bonnes dimensions de vos placards.

LE CLASSEMENT

Les tissus peuvent être rangés par type, par thème ou par couleur, à vous de choisir. On peut les étiqueter pour noter des informations : les dimensions, la composition...

Vous pouvez aussi découper un petit morceau de chaque tissu et consigner votre collection dans un carnet (photographie page 107). Vous pourrez noter des informations qui vous paraissent importantes sous chaque échantillon. Ce cahier est pratique car vous pouvez l'emmener en shopping pour rechercher des tissus assortis, des biais, etc.

LES PETITS BOUTS

Les petites chutes de tissus préalablement recoupées en rectangles ou carrés peuvent aussi êtres rangées par couleur ou par style dans des pochettes transparentes organisées dans un classeur. A défaut, elles trouveront leur place dans des boîtes, des tiroirs ou des bocaux.

Le matériel de couture

Pour les rubans, les fils à broder, les fermetures à glissière, les écussons et étiquettes, vous pouvez utiliser des blocs de casiers à tiroirs ou des organiseurs de tiroirs qui permettront de les compartimenter pour mieux trier et ranger.

Les casiers d'imprimeur sont idéaux pour les boutons. Il existe aussi de petites valises ou boîtes à compartiments avec couvercle qui sont très pratiques, notamment parce qu'elles peuvent être emmenées facilement.

Pour le matériel courant – les ciseaux, le cutter rotatif, les épingles, aiguilles, mètre ruban, vous pouvez utiliser une boîte ou suspendre une barre de rangement mural que vous équiperez avec les éléments les plus adaptés à vos besoins : crochets, étagères, pots, paniers en fil de fer, supports à verres (à détourner de leur fonction initiale), etc.

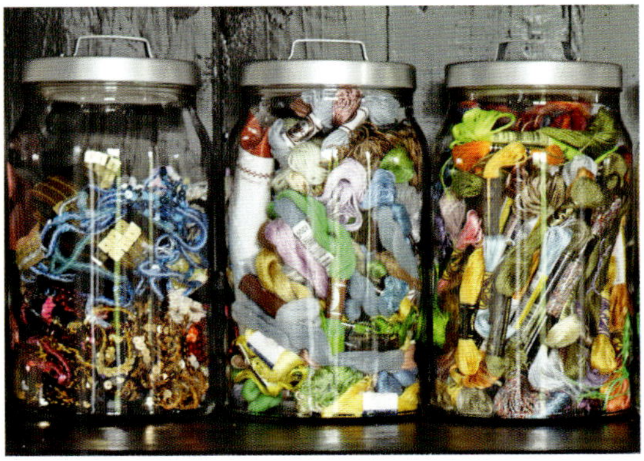

Les fils à coudre

Idéalement, une boîte à compartiments permet de ranger les bobines par coloris. Pour avoir accès très facilement à ses fils, la solution du porte-bobine mural, pratique et esthétique est aussi intéressante. Vous pouvez l'acheter ou le réaliser vous-même, vous trouverez de nombreuses explications sur les blogs.

Les livres

À portée de main, vous constituerez votre petite bibliothèque sur une étagère : les livres de couture, ceux de broderie etc. Vous complèterez de magazines et vous pourrez ouvrir un classeur avec des pochettes transparentes pour classer toutes les pages collectées et imprimées sur les blogs, les sites, les pages découpées dans des magazines...

Réalisez un gabarit de carton aux dimensions de votre meuble.
Détournez et utilisez des bocaux de cuisine
Gardez à portée de main vos ouvrages de couture

Tissus en fibres naturelles : coton, métis, lin et bambou

Voici un petit échantillonnage de textiles en fibres naturelles, déclinés dans des tissages aux armures classiques, unis, imprimés ou aux motifs tissés... Le coton, le métis – mélange de coton et de lin en proportions variables – et le lin offrent de très beaux tissus.*

1 – Popeline imprimée*

2 – Percale peigné*

*33 – Toile métis**

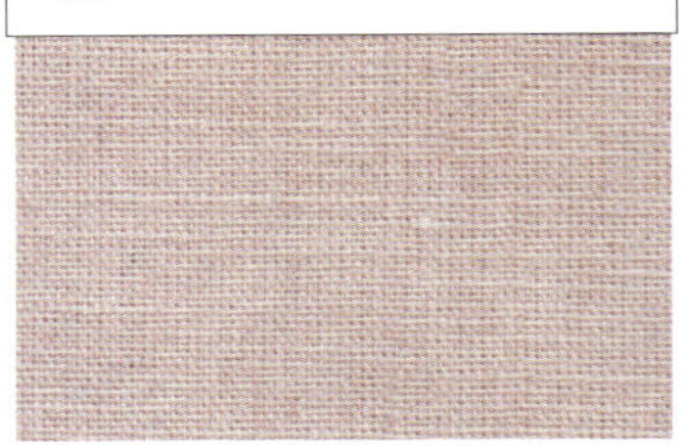

4 – Popeline tissée

*5 – Éponge**

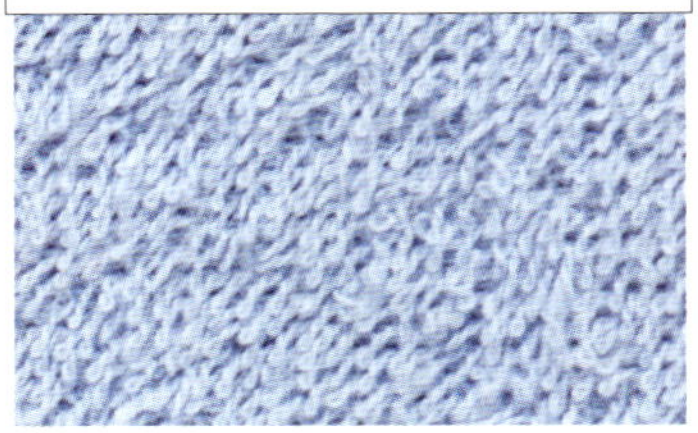

*6 – Toile lavée**

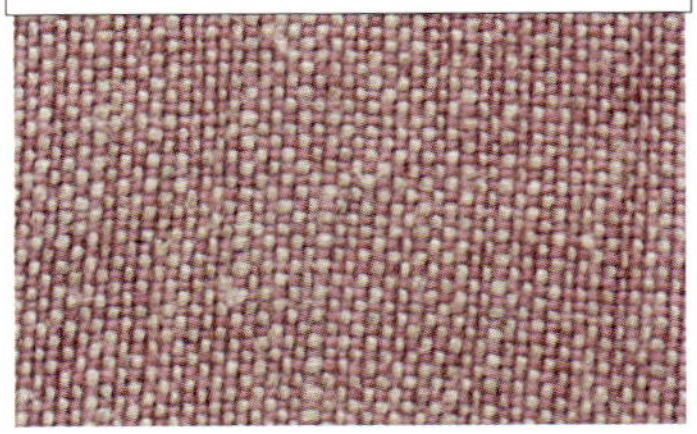

*7 – Fil à fil**

8 – Sergé rayé tissé*

9 – Toile brute*

10 – Batiste imprimée*

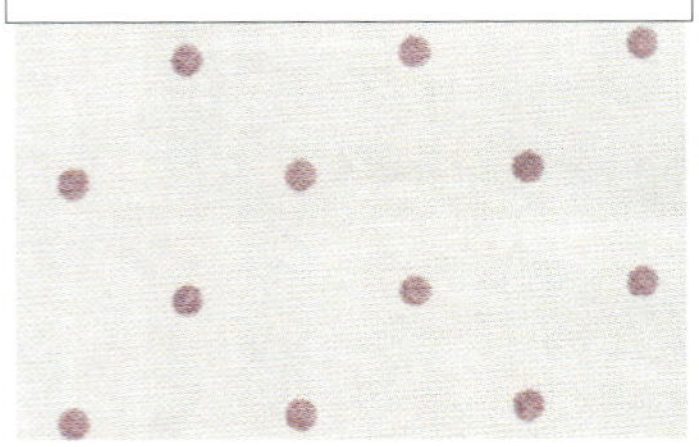

*11 – Batiste de Lawn**

*12 – Étamine**

1 – Popeline imprimée, 100 % coton, rouge et blanc (STR, réf. Liberty Lifestyle Léonard 07383254A) • 2 – Percale peigné, 100 % coton, blanc (STR, réf. 11 01 73, art. 2020) • 3 – Toile métis coton et lin, brume rosée (C, réf. Dodo) • 4 – Popeline tissée, 100 % coton, rouge et blanc (STR, réf. vichy 7 mm, col. rouge) • 5 – Éponge, bleu, 100 % coton, glacier (STR, réf. Tissu éponge moelleux) • 6 – Toile lavée, 100 % lin, 2 couleurs en chaîne et trame, brume rosée (C, réf. Sabbia) • 7 – Fil à fil, 100 % coton, 2 couleurs en chaîne et trame, orchidée givrée (STR, réf. 11 0069) • 8 – Sergé rayé tissé, 100 % coton, bleu et blanc (LM, réf. 16002CEL) • 9 – Toile brute, 100 % lin, naturel (TGA, réf. LKD03) • 10 – Batiste imprimée, 100 % coton (FDS, réf. Brume pois figue) • 11 – Batiste de Lawn 100 % coton (STR, réf. 11 0054 col. marine) • 12 – Étamine, 100 % lin, tomate (C, réf. Tramontane)

Il existe de très nombreuses façons de lier les fils entre eux pour réaliser du tissu, c'est ce que l'on nomme les « armures », chacune a un nom : toile, natté, piqué, satin, sergé, velours, éponge...*

1 - Toile imprimée

2 - Natté* (ou panama)

3 - Satin* de coton imprimé

4 - Toile

5 - Piqué de coton* imprimé

6 - Jeans*

7 - Chevron*

8 - Velours* imprimé

9 - Jeans

10 - Toile imprimée

11 - Piqué nid d'abeille* imprimé pied de poule*

12 - Éponge moelleux

1 - Toile imprimée, 100 % lin, naturel pois rouge (M, réf. CM142) • 2 - Natté (ou panama), 100 % coton, blanc (STR, réf. 11 0061, col. blanc) • 3 - Satin de coton imprimé (PF, réf. Coutances négatif F2430 Bleu 4) • 4 - Toile, 100 % lin, rayure tissée dans la chaîne (C, réf. Palette rayé red magique) • 5 - Piqué de coton imprimé, coton et polyester, bleu pois blancs (STR, réf. Louisette, col. 2) • 6 - Jeans, sergé 100 % coton, dark blue (STR, réf. 11 0012, col. 3028) • 7 - Chevron, 100 % lin, stoned sepia (C, réf. Mecano A232/CHE/0029) • 8 - Velours imprimé, 100 % coton, beige et bleu (STR, réf. Liberty Rossmore Cord Pablo Pepper, col. C) • 9 - Jeans, sergé 100 % coton, blue (STR, réf. 11 0012, col. 3558) • 10 - Toile imprimée, 100 % lin, prune (B, réf. Paul et Virginie, col. 03) • 11 - Piqué nid d'abeille imprimé pied de poule, 100 % coton, beige et blanc (STR, réf. 010453, col. 13) • 12 - Éponge moelleux, 90 % bambou, 10 % Polyester, blanc (STR, réf. col. 10C)

Tissus enduits

L'enduction protège le tissu, l'eau ne pénètre plus dans ses fibres. On peut donc réaliser des tenues de pluie, des accessoires, des sacs, des nappes, des sets de table, des couvertures de carnets... La nature du tissu donne sa tenue au tissu enduit : un batiste enduit reste souple et délicat, une toile lourde brute sera plus solide.*

1 - Toile de coton enduite*

2 - Toile de coton enduite

3 - Batiste Liberty* enduite*

4 - Batiste Liberty enduite

5 - Toile de coton enduite rose Petit Pan

6 - Batiste Liberty enduite

7 - Toile de coton enduite

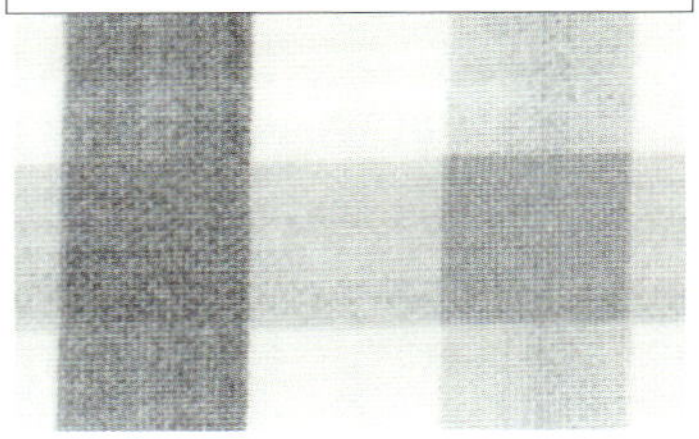

8 - Toile de coton enduite

9 - Toile de coton enduite

10 - Batiste Liberty enduite

11 - Toile de coton enduite

12 - Toile de coton enduite petite pivoine turquoise

1 - Toile de coton enduite, motifs Paris, gris (F) • 2 - Toile de coton enduite, motifs papillons, vert/prune (F) • 3 - Batiste Liberty enduite, à fleurs, rouge et blanc (STR, réf. E5004D) • 4 - Batiste Liberty enduite, à fleurs, marron, blanc et vert (STR, réf. E1033B) • 5 - Toile de coton enduite, rose (PP) • 6 - Batiste Liberty enduite, à fleurs, rose et beige (STR, réf. E3055R) • 7 - Toile de coton enduite, vichy gris (F) • 8 - Toile de coton enduite, à motifs géométriques, noir et orange (PP, réf. Pat Garrett tangerine) • 9 - Toile de coton enduite, à motifs géométriques, marron et blanc (F, réf. Mosaïque beige) • 10 - Batiste Liberty enduite, à fleurs, blanc et multicolore (STR, réf. E2019Z) • 11 - Toile de coton enduite, à motifs de perles, sable (F) • 12 - Toile de coton enduite, à fleurs, bleu et rose (PP, réf. Petite pivoine turquoise)

Tissus en laine et fourrure

La laine est un textile noble, doux et chaud. On l'utilise beaucoup pour les vêtements soignés classiques mais on peut la détourner et l'utiliser pour réaliser quantité d'accessoires qui attrapent vite un petit air couture qui n'est pas pour nous déplaire ! Les fourrures d'aujourd'hui sont fausses à s'y méprendre... et extraordinairement douces !

1 - Fourrure Pouchkine (imitation)*

2 - Drap de laine mérinos à chevrons*

3 - Mini teddy

4 - Laine bouillie mérinos 520 gr*

5 - Drap de laine mérinos à chevrons

6 - Teddydou

7 - Laine bouillie mérinos 420 gr

8 - Pied de poule pure laine*

9 - Prince-de-Galle pure laine*

10 - Tartan écossais pure laine*

11 - Sergé de laine et cachemire*

12 - Sergé de laine et de cachemire 1%

1 - Fourrure Pouchkine (imitation) base coton et poils acrylique (STR, réf. 0000 4738, col. sable) • 2 - Drap de laine mérinos à chevrons (STR, réf. 54 5010-5020) • 3 - Mini teddy, polyester micro, beige (STR, réf. 5MTR.998U) • 4 - Laine bouillie mérinos 520 gr, ivoire (STR, réf. 0000 0224, col. 8101) • 5 - Drap de laine mérinos à chevrons, camel clair (STR, réf. 50) • 6 - Teddydou, polyester micro, doux recto/verso, ivoire (STR, réf. 0000 4529) • 7 - Laine bouillie mérinos 420 gr, gris clair (STR, réf. 0000 0224, col. 1200) • 8 - Pied de poule pure laine (STR, réf. 2TTL005T) • 9 - Prince-de-Galle pure laine (STR, réf. 2TTL005T10419) • 10 - Tartan écossais pure laine (STR, réf. 2TTL005T) • 11 - Sergé de laine et cachemire, noir à fines rayures grises (STR, réf. CC31.29207/D4) • 12 - Sergé de laine et de cachemire (1%), anthracite (STR, réf. CC31.27609/C3)

Galons, croquets, dentelles et pompons

Pour ajouter une touche de fantaisie, pour souligner un volume ou une couture, créer un rythme... Pour border un tissu, nouer et fermer, attacher, fixer tout ce que l'on veut, rien de tel qu'un galon, une dentelle ou un croquet. À sequins, blanc ou colorés, les combinaisons sont infinies pour répondre au mieux aux projets de chacune...

1
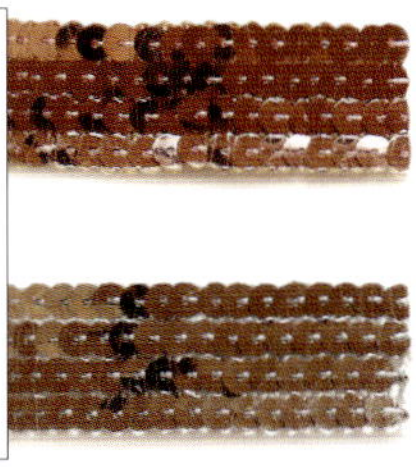

2
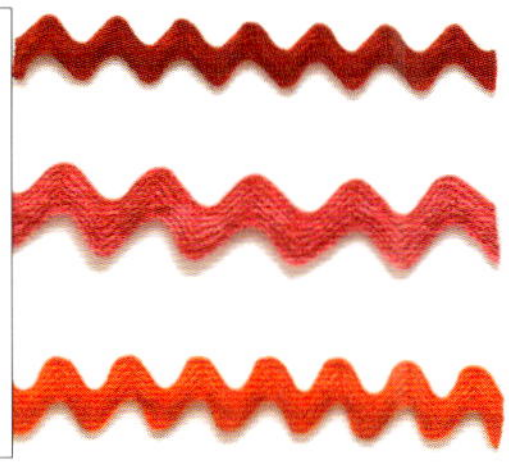

3

4

5
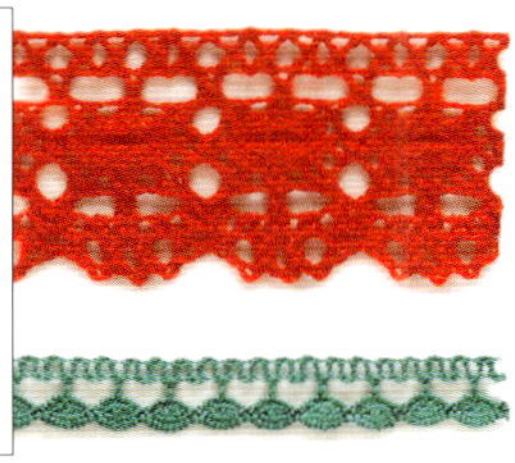

6
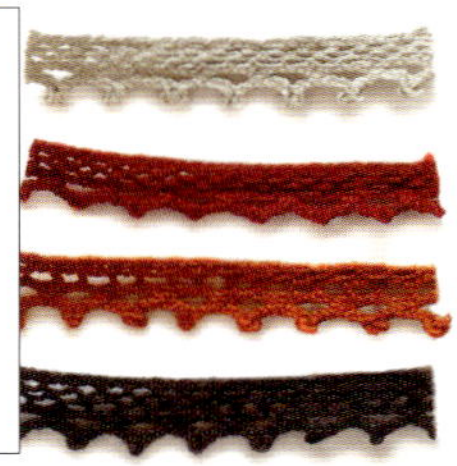

7

8

9

10

11

12
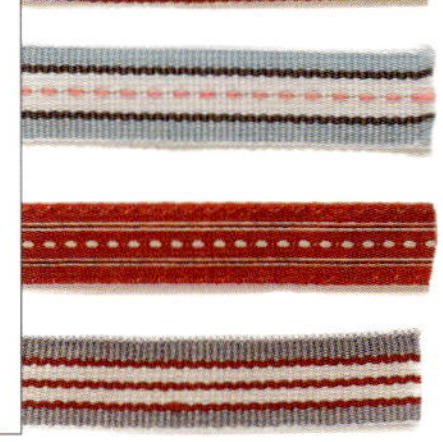

1 - Galons paillettes 4 rangs, 20 mm, argent et rose (STR, réf. 70 0103-20, col. 30 et 51) • 2 - Croquets, 10 mm et 12 mm, rouge, rose et orange (STR, réf. SH2, SH1 et SH5) • 3 - Galons de pompons, 30 mm et 17 mm, rouge et blanc (STR, réf. 0000 5045 et 0000 5041) • 4 - Dentelles de coton, 30 mm et 8 mm, blanche (STR, réf. 0000 2269 et D154) • 5 - Dentelles de coton, 35 mm et 10 mm, rouge et vert (STR, réf. SH3 et SH5) • 6 - Dentelles de coton, 10 mm, céladon, brique, cuir et brun (Mai) • 7 - Dentelle anglaise à feston, 6 cm blanc (STR, réf. 0000 6479) • 8 - Dentelle anglaise, 4 cm, turquoise (STR, réf. D155) • 9 - Galons en lin assortis, 1 cm à 1,5 cm, naturel, blanc et rouge (M, réf. cm10R, cm5BLC, cm7R, cm27R) • 10 - Croquets, 10 mm, argent, noir pailleté et turquoise brillant (STR, réf. SH8, SH7, SH6 et SH3) • 11 - Rubans de velours en polyamide, 10 mm à 16 mm, marine, ciel, rose et fuchsia (STR, réf. 418, 197, fuchsia clair et 422) • 12 - Rubans tissés jacquard assortis, 6 mm et 2 mm (Mai)*

Biais et passepoils

Le biais peut être discret et remplacer un ourlet quand on le pose à cheval sur le tissu (choisissez-le ton sur ton ou dans l'imprimé du tissu) ou devenir un motif de création, soulignant une couture, créant une rupture dans une surface (jouez le contraste de couleur ou l'association d'imprimés). Le passepoil* se lit comme un liseré, piqué dans la couture, il souligne la frontière de deux surfaces de tissu.*

1 - Biais et passepoils à étoiles ou à pois, fuchsia, rose, brume (FDS) • 2 - Biais, framboise, bois de rose, rose malabar, rouge cerise (LM) • 3 - Passepoils, framboise, bois de rose, rose malabar, rouge cerise (LM) • 4 - Biais à pois, taupe, noir et rouge (STR, réf. B-P2272, B-P1111 et B-P8) • 5 - Biais, aubergine, taupe, chocolat et gris orage (LM) • 6 - Passepoils, aubergine, taupe, chocolat et gris orage (LM) • 7 - Biais imprimés assortis (PP, réf. Yoyogi blanc, Mikko rouge, Okiko azur et Billy turquoise) • 8 - Biais, vert anis, bleu glacier, bleu canard et gris clair (LM) • 9 - Passepoils et biais, vert anis, bleu glacier, bleu canard et gris clair (LM) • 10 - Biais Liberty assortis (STR, réf. 0025B, B1177-D, B-9009-S, et B-0026D) • 11 - Biais et passepoils assortis, jaune fluo et rose fluo (LM) • 12 - Passepoils faux cuir, rouge cerise, marron glacé et noir (LM) • 13 - Biais Liberty et vichy* (STR, réf. B-1033-A, B5005-E, B-9172-B et vichy 002 océan) • 14 - Biais et passepoils glitter* assortis, argent et or (LM) • 15 - Biais et passepoils glitter et faux cuir, noir, or et argent (LM)*

Boutons naturels

Les boutons offrent une quantité incroyable de modèles, du plus utile au plus décoratif. En voici une sélection sculptés ou manufacturés, tous fabriqués dans de très belles matières naturelles : bois variés, corne, verre, nacre, métal...

1 - Boutons en bois et en coco (LD et STR) • 2 - Boutons en bois dont buis, ébène noir et gris et coco laqué (LD) • 3 - Boutons en bois de diamètres variés (STR) • 4 - Boutons en métal (STR, LD et M) • 5 - Boutons en métal (LD) • 6 - Boutons en corne (LD) • 7 - Boutons en métal émaillé (LD) • 8 - Boutons en verre transparent (LD) • 9 - Boutons en verre, modèles transparents et teintés masse (LD) • 10 - Boutons en nacre, formes variées (LD) • 11 - Boutons en nacre, coloris naturels variés (LD) • 12 - Boutons en nacre, couleurs et motifs variés (LD)

Boutons colorés

Multicolores, ils sont en nacre, en verre, en plastique, en métal, en rhodoïd, en fil ou en tissu… Chaque bouton fait rêver ! C'est un détail important qui permet d'exprimer beaucoup de vous dans la création. Vous le choisirez avec soin. Sachez néanmoins que vous pouvez aussi facilement réaliser les vôtres en tissu (voir technique page 140) !

1

2

3

4

5

6

7

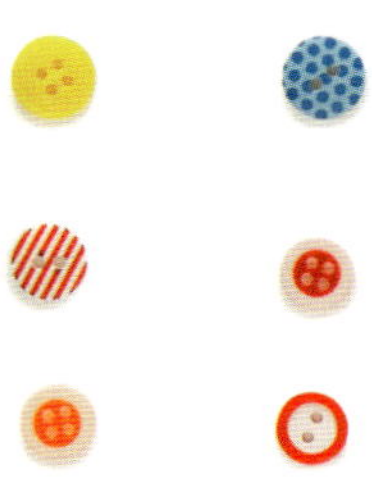

8

9

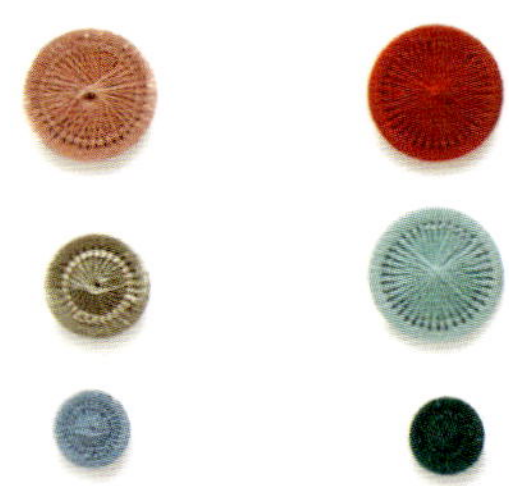

10

11

12

1 - Boutons en plastique, motifs variés (LD) • 2 - Boutons en rhodoïd, motifs variés (LD) • 3 - Boutons en plastique, formes fantaisie (LD) • 4 - Boutons en plastique coloré, transparent (LD) • 5 - Boutons en plastique coloré transparent, attache au dos (LD) • 6 - Grelots en métal, formes tailles et couleurs assortis (PP et LD) • 7 - Boutons en plastique coloré assortis (PP, réf. Trésors n°1) • 8 - Boutons en plastique noir assortis (M et LD) • 9 - Boutons moulinés en fil de coton, 26 coloris (STR) • 10 - Boutons en nacre, teintés, coloris assortis (LD) • 11 - Boutons en tissus (STR, réf. Liberty assortis et PP) • 12 - Boutons faits maison avec le kit « boutons à recouvrir Prym »

Étiquettes, rustines et écussons

À coudre ou autocollants, étiquettes, rustines et appliqués permettent de décorer et de réparer tout en se faisant plaisir. Une jolie sélection à compléter de vos propres créations ! Il existe en effet de la colle textile thermocollante double face qui permet d'utiliser tous les tissus. On trouve également de la toile et du jersey thermocollant une face uni (blanc, écru ou noir).*

1

2

3

4

5

6

7

8

9

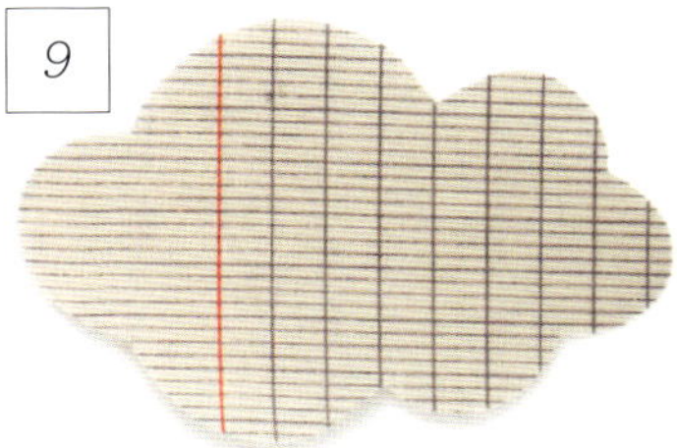

10

11

12

1 - Mini écussons thermocollants (M&L, réf. « 2 rustines ») • 2 - Mini écussons thermocollants (M&L, réf. « 5 poissons») • 3 - Mini écussons thermocollants (M&L, réf. « 4 bulles de BD ») • 4 - Personnages en tissu brodé thermocollant (LM, réf. ECUTM+MSH et ECUTM+PCR) • 5 - Grand chiffre thermocollant, tissu au choix (LM, réf. ECUGC) • 6 - Grande et petite lettres thermocollantes, tissu au choix (LM, réf. ECUGI et ECUPI) • 7 - Étiquettes thermocollantes épaisses (TGA, réf. LKZ01, LKZ09, LKZ12, LKZ10) • 8 - Cupcake en tissu brodé thermocollant (LM, réf. ECUTM-CUP) • 9 - Nuage fait maison avec du tissu thermocollant et du tissu imprimé découpé (LM, réf. ECOL ANC) • 10 - Étiquettes en tissu, assortiment de modèles (LM, réf. ETIQ) • 11 - Étiquettes en tissu, assortiment de modèles (LM, réf. ETIQ) • 12 - Mini étiquettes double en tissu, assortiment de modèles (LM, réf. ETIQ-CO)

Tissus et rubans adhésifs

Des tissus et des rubans de tissu autocollants qui deviennent thermocollants à l'aide d'un simple fer à repasser. Pour un fini impeccable et définitif, on peut aussi les coudre. C'est la solution idéale pour réaliser en un clin d'œil des appliqués sur mesure : découpez des formes dans le tissu et réalisez des coudières ou genouillères, des poches, des étoiles, des nuages, etc.

1 – Rubans adhésifs à fleurs et pois (TGA, réf. LKT58, LKT10, LKT56) • 2 – Rubans adhésifs à pois, uni et vichy (TGA, réf. LKT51, LKT45, LKT15) • 3 – Rubans adhésifs à fleurs et vichy (TGA, réf. LKT61, LKT14, LKT39) • 4 – Tissu adhésif, à fleurs et cerises, blanc et rose (TGA, réf. LKF61) • 5 – Tissu adhésif à pois, bleu et blanc (TGA, réf. LKF20) • 6 – Tissu adhésif vichy, marron (TGA, réf. LKF34) • 7 – Tissu adhésif vichy, rose (TGA, réf. LKF30) • 8 – Tissu adhésif à fleurs, anis (TGA, réf. LKF66) • 9 – Tissu adhésif à fleurs, beige et rouge (TGA, réf. LKF32) • 10 – Tissu adhésif à fleurs, beige et jaune (TGA, réf. LKF60) • 11 – Tissu adhésif milleraies, blanc et rose (TGA, réf. LKF58) • 12 – Tissu adhésif à pois, rouge et blanc (TGA, réf. LKF51)

Écussons thermocollants brillants et cloutés

Tout de paillettes, ils vous permettront de customiser vos vêtements et toutes vos créations. Ils s'appliquent très simplement : retirez la pellicule au dos, placez l'écusson sur le tissu choisi et repassez-le par-dessus la feuille plastique de protection. Après complet refroidissement, on retire la feuille de protection.

1

2

3

4

5

6

7

8

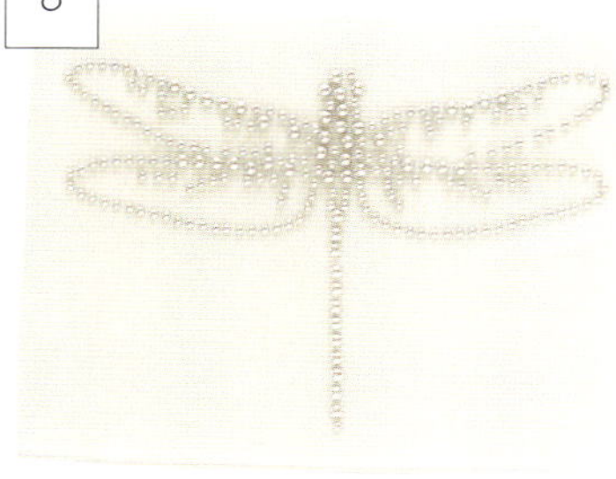

9

10

11

1 – Écusson thermocollant brillant, étoile, ø 12 cm, or (LM) • 2 – Écusson thermocollant brillant, hibou, ø 12 cm, argent (LM) • 3 – Écusson thermocollant clouté, étoile, ø 7 cm, argent (LM, réf. ECUCL-ETO) • 4 – Écusson thermocollant brillant, nuage, 11 x 12 cm, couleurs assorties (LM, réf. BRI-CLOUDROP) • 5 – Écusson thermocollant brillant, pissenlit, 12 x 14,5 cm, argent (LM) • 6 – Écusson thermocollant brillant, oiseau, 8 x 5 cm (LM, réf. BRI-AG-OIS) • 7– Écusson thermocollant clouté, tour Eiffel, 8 x 15 cm, argent (LM, réf. ECUCL-TEI) • 8 – Écusson thermocollant clouté, libellule, 7 x 11 cm, argent (LM, réf. ECUCL-LIB) • 9 – Écusson thermocollant brillant, nuage, 12 x 7 cm, argent (LM, réf. BRI-NUA) • 10 – Écusson thermocollant brillant, cœur, rouge (LM, réf. BRI-KIT-CO) • 11 – Écusson thermocollant brillant, étoile, argent (LM, réf. BRI-KIT-ETO-AR)

Transferts textiles

Idéal pour personnaliser accessoires et vêtements, ils se fixent en se repassant sur l'envers, motif contre tissu. Vous trouverez dans le commerce des modèles prêts à être fixés comme ici mais vous pouvez aussi réaliser vos propres modèles avec du papier spécial (voir technique *page 137).*

1

2

3

4

5

6

7

8

9

10

1 - Transfert textile, oiseau (Mi) • 2 - Transfert textile, fleur (Mi, réf. Flower) • 3 - Transfert textile, étoiles (Mi) • 4 - Transferts textiles, champignons et œufs (Mi, réf. Souris et Lapin) • 5 - Transferts textiles tissus clairs, étiquette, 15 x 9 cm (OB, réf. Médaillon 1) • 6 - Transferts textiles tissus clairs, étiquette, 15 x 9 cm (OB, réf. Médaillon 3) • 7 - Transferts textiles tissus clairs, monuments de Paris, 15 x 9 cm (OB, réf. Paris) • 8 - Transferts textiles tissus clairs, étiquette, 15 x 9 cm (OB, réf. mercerie 10) • 9 - Transferts textiles tissus clairs, bon point, 15 x 9 cm (OB, réf. TO008H) • 10 - Transferts textiles tissus clairs, poupée, 15 x 9 cm (OB, réf. Poupée 1)

Toiles à broder Milpoint : en étamine de lin

Ces toiles à broder proposent une palette de tons naturels subtils et sont disponibles en coupons ou au mètre dans une largeur de 140 cm. Unis, à rayures ou à carreaux, elles se brodent généralement en deux brins de mouliné sur deux fils de trame, soit 6 points/cm.

1 - Toile 12 fils/cm, blanc pur

2 - Toile 12 fils/cm, blanc ancien

3 - Toile 12 fils/cm, naturel clair

4 - Toile 12 fils/cm, blanc naturel

5 - Toile 12 fils/cm, ivoire tissée à carreaux rouges

6 - Toile 12 fils/cm, naturel tissée à rayures rouges

7 - Toile 12 fils/cm, perle

8 - Toile 12 fils/cm, blond

9 - Toile 12 fils/cm, naturel

10 - Toile 12 fils/cm, flanelle

11 - Toile 12 fils/cm, miel

12 - Toile 12 fils/cm, arabica

1 - Toile à broder 12 fils/cm, 100 % lin, blanc pur (M, réf. 112/BL) • 2 - Toile à broder 12 fils/cm, 100 % lin, blanc ancien (M, réf. 112/01) • 3 - Toile à broder 12 fils/cm, 100 % lin, naturel clair (M, réf. 112/32) • 4 - Toile à broder 12 fils/cm, 100 % lin, blanc naturel (M. réf. 112/00) • 5 - Toile à broder 12 fils/cm, 100 % lin, ivoire tissé à carreaux rouges (M, réf. CM602) • 6 - Toile à broder 12 fils/cm, 100 % lin, naturel tissé rayures rouges (M, réf. CM601) • 7 - Toile à broder 12 fils/cm, 100 % lin, perle (M, réf. CM123) • 8 - Toile à broder 12 fils/cm, 100 % lin, blond (M, réf. 112/80) • 9 - Toile à broder 12 fils/cm, 100 % lin, naturel (M, réf. 112/31) • 10 - Toile à broder 12 fils/cm, 100 % lin, flanelle (M, réf. CM129) • 11 - Toile à broder 12 fils/cm, 100 % lin, miel (M, réf. 112/33) • 12 - Toile à broder 12 fils/cm, 100 % lin, arabica (M, réf. 112/40)

Une subtile palette de tonalités rares... Les couleurs se marient très bien entre elles et permettent de réaliser des associations réussies. Disponibles en coupon ou au mètre, en 140 cm, elles vous permettent de réaliser de jolis projets de couture brodés ou d'imaginer des appliqués.

1 – Toile 12 fils/cm, rose

2 – Toile 12 fils/cm, zinc

3 – Toile 12 fils/cm, vert amande

4 – Toile 12 fils/cm, bruyère

5 – Toile 12 fils/cm, taupe

6 – Toile 12 fils/cm, bleu doux brodée en vert anis (DMC 3819)

7 – Toile 12 fils/cm, aubergine

8 – Toile 12 fils/cm, chocolat

9 – Toile 12 fils/cm, acier

10 – Toile 12 fils/cm, grenat

11 – Toile 12 fils/cm, rouge

12 – Toile 12 fils/cm, granit

1 - Toile à broder 12 fils/cm, 100 % lin, rose (M, réf. CM114) • 2 - Toile à broder 12 fils/cm, 100 % lin, zinc (M, réf. CM102) • 3 - Toile à broder 12 fils/cm, 100 % lin, vert amande (M, réf. CM136) • 4 - Toile à broder 12 fils/cm, 100 % lin, bruyère (M, réf. CM120) • 5 - Toile à broder 12 fils/cm, 100 % lin, taupe (M, réf. CM108) • 6 - Toile à broder 12 fils/cm, 100 % lin, bleu doux brodée en vert anis DMC 3819 (M, réf. 112/24) • 7 - Toile à broder 12 fils/cm, 100 % lin, aubergine (M, réf. CM133) • 8 - Toile à broder 12 fils/cm, 100 % lin, chocolat (M, réf. CM147) • 9 - Toile à broder 12 fils/cm, 100 % lin, acier (M, réf. CM117) • 10 - Toile à broder 12 fils/cm, 100 % lin, grenat (M, réf. 112/21) • 11 - Toile à broder 12 fils/cm, 100 % lin, rouge (M, réf. CM126) • 12 - Toile à broder 12 fils/cm, 100 % lin, granit (M, réf. CM111)

Toiles à broder DMC : toile soluble et toile de lin

Prédécoupées ou au mètre, les toiles de lin ont un aspect mat et naturel. Elles s'utilisent pour tout type de broderie, notamment à points comptés car elles offrent une armure des plus régulières. À broder sur deux fils de trame et de chaîne à la fois avec deux brins de mouliné pour les toiles 11 fils/cm, pour un résultat très soigné. La toile soluble permet de broder tous support : posez-la sur le tissu à broder, brodez, lavez : c'est prêt...

1 - Toile 11 fils/cm rose

2 - Galon 5 cm, toile 11 fils/cm, blanc

3 - Toile canevas soluble 5,5 fils/cm

4 - Toile 11 fils/cm, naturel clair

5 - Galon 8 cm, toile 11 fils/cm, blanc

6 - Toile 11 fils/cm, blanc naturel

7 - Toile 11 fils/cm, naturel brodée en Blanc DMC

8 - Toile 11 fils/cm, extra blanc

9 - Toile 11 fils/cm, vanille

10 - Galon 8 cm, toile 11 fils/cm, naturel

11 - Toile 11 fils/cm, bleu clair

12 - Toile 11 fils/cm champagne

1 - Toile à broder 11 fils/cm, 100 % lin, rose clair (DMC, réf. 784) • 2 - Galon 5 cm en toile à broder 11 fils/cm, 100 % lin, blanc (DMC, réf. DG 925, col. B 5200) • 3 - Toile canevas soluble dans l'eau à broder 5,5 fils/cm, polyacétate de vinyle (DMC, réf. DC 90) • 4 - Toile à broder 11 fils/cm, 100 % lin, naturel clair (DMC, réf. 3866) • 5 - Galon 8 cm en toile à broder 11 fils/cm, 100 % lin, blanc (DMC, réf. DG 955 col. B 5200) • 6 - Toile à broder 11 fils/cm, 100 % lin, blanc naturel (DMC, réf. 3865) • 7 - Toile à broder 11 fils/cm, 100 % lin, naturel (DMC, réf. 3782) • 8 - Toile à broder 11 fils/cm, 100 % lin, extra blanc (DMC, réf. B 5200) • 9 - Toile à broder 11 fils/cm, 100 % lin, vanille (DMC, réf. 712) • 10 - Galon 8 cm, toile 11 fils/cm, 100 % lin, naturel (DMC, réf. DG 955 842) • 11 - Toile à broder 11 fils/cm, 100 % lin, bleu clair (DMC, réf. 954) • 12 - Toile à broder 11 fils/cm, 100 % lin, champagne (DMC, réf. 739)

Toiles tire-fil et toiles de coton DMC

Les toiles Aïda sont des toiles en coton spécialement conçues pour la broderie au point de croix, idéales pour les débutantes. Leur tissage est précis et forme un quadrillage qui permet de guider le passage de l'aiguille et d'obtenir facilement des croix nettes et régulières. La toile tire-fil permet de broder tout support. Son quadrillage permet de se repérer facilement dans le dessin. On la pose sur le tissu à décorer, on brode les deux épaisseurs puis on retire chaque fil à la fin du travail.

1 - Toile Aïda 6 fils/cm, blanc

2 - Toile Aïda 5,5 fils/cm, blanc

3 - Galon 3 cm, toile 5,5 fils/cm, blanc

4 - Toile Aïda 5,5 fils/cm, vanille

5 - Toile tire-fil 20 fils/cm

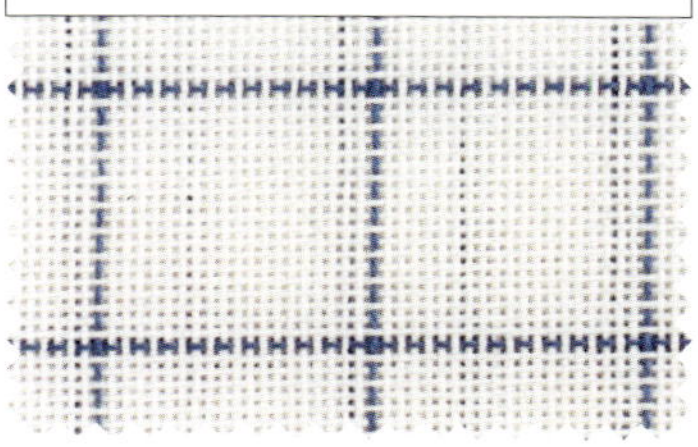

6 - Galon 10 cm, toile Aïda 6 fils/cm, blanc liseré rouge

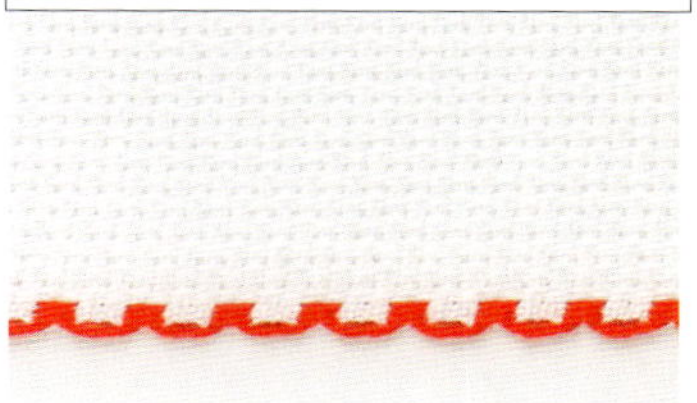

7 - Toile Aïda 5,5 fils/cm, écru

8 - Toile Aïda imprimée 5,5 fils/cm, blanc et pois bleu

9 - Toile Aïda imprimée 5,5 fils/cm, vichy* rouge

10 - Toile Aïda 5,5 fils/cm, doré

11 - Toile Aïda 5,5 fils/cm, bleu clair

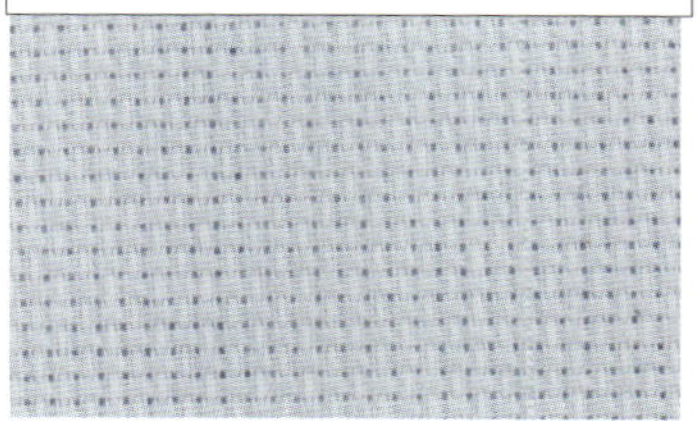

12 - Toile Aïda 5,5 fils/cm, rouge

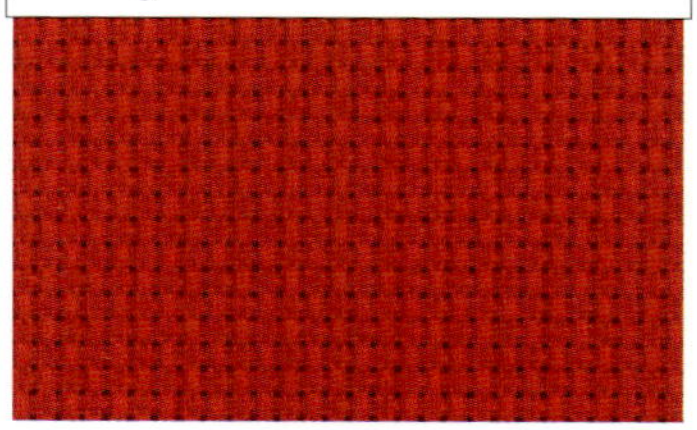

1 - Toile à broder Aïda 6 fils/cm, 100 % coton, blanc (DMC, réf. 224) • 2 - Toile à broder Aïda 5,5 fils/cm, 100 % coton, blanc (DMC, réf. blanc) • 3 - Galon 3 cm en toile à broder Aïda 5,5 fils/cm, 100 % coton, blanc (DMC, réf. DG 617M, col. blanc) • 4 - Toile à broder Aïda 5,5 fils/cm, 100 % coton, vanille (DMC, réf. 746) • 5 - Toile à broder tire fil 20 fils/cm - se brode sur 2 fils (DMC, réf. DC 77) • 6 - Galon 10 cm en toile à broder Aïda 6 fils/cm, 100 % coton, blanc liseré rouge (DMC, réf. DG 647M rouge) • 7 - Toile à broder Aïda 5,5 fils/cm, 100 % coton, écru (DMC, réf. écru) • 8 - Toile à broder imprimée Aïda 5,5 fils/cm, 100 % coton, petit pois bleu (DMC, réf. pp bleu) • 9 - Toile à broder imprimée Aïda 5,5 fils/cm, 100 % coton, vichy rouge (DMC, réf. DC27PC/VICHR) • 10 - Toile à broder Aïda 5,5 fils/cm, 100 % coton, dorée (DMC, réf. 5282 gold) • 11 - Toile à broder Aïda 5,5 fils/cm, 100 % coton, bleu clair (DMC, réf. 800) • 12 - Toile à broder Aïda 5,5 fils/cm, 100 % coton, rouge (DMC, réf. 321)

Cotons à broder DMC

(Moulinés, Perlé Métallisé, Fil Diamant et Coton perlé)

TABLEAU DE RECHERCHE DES NUMÉROS DE COULEURS / *Key to color numbers*

N° Couleur / Color No. — *Colonne / Column*

N° Couleur / Color No.	Colonne / Column	N° Couleur / Color No.	Colonne / Column	N° Couleur / Color No.	Colonne / Column	N° Couleur / Color No.	Colonne / Column	N° Couleur / Color No.	Colonne / Column	N° Couleur / Color No.	Colonne / Column	N° Couleur / Color No.	Colonne / Column	N° Couleur / Color No.	Colonne / Column
B 5200	18	E 317	21	520	11	738	17	840	18	970	14	3722	4	E 3837	21
E 5200	22	318	19	522	11	739	17	841	18	(971)	14	3726	4	3838	6
S 5200	27	319	10	523	11	740	14	S 841	27	972	14	3727	4	3839	6
BLANC	18	320	10	524	11	741	14	842	18	973	14	3731	3	3840	6
ECRU	18	321	1	535	18	S 741	26	844	19	975	16	3733	3	3841	7
48	20	E 321	21	543	17	742	14	869	13	976	16	3740	4	3842	8
51	20	S 321	26	550	5	743	14	890	10	S 976	26	3743	4	3843	6
52	20	322	7	S 550	26	744	14	891	2	977	16	3746	5	E 3843	21
53	20	326	2	552	5	745	14	892	2	E 980	22	3747	5	3844	6
67	20	S 326	26	S 552	26	746	13	893	2	986	10	E 3747	22	3845	6
69	21	327	5	553	5	E 746	22	894	2	987	10	3750	7	3846	6
90	20	333	5	554	5	747	8	895	10	988	10	3752	7	3847	8
92	20	334	7	561	9	E 747	22	898	17	989	10	3753	7	3848	8
93	20	E 334	21	562	9	754	16	E 898	22	E 990	22	3755	7	3849	8
94	20	335	2	563	9	758	16	S 898	27	991	9	3756	7	E 3849	21
99	20	336	7	564	9	760	1	899	2	S 991	27	3760	8	3850	9
105	20	340	5	580	12	761	1	S 899	26	992	9	3761	8	3851	9
106	20	341	5	581	12	762	19	900	14	993	9	3765	8	3852	13
107	20	347	1	597	8	772	10	902	4	995	6	3766	8	E 3852	21
111	20	349	1	598	8	775	7	904	11	S 995	27	3768	8	3853	15
115	20	350	1	600	3	(776)	2	905	11	996	6	3770	15	3854	15
121	20	351	1	601	3	777	2	906	11	3011	12	3771	16	3855	15
125	20	S 351	26	S 601	26	778	4	907	11	3012	12	3772	16	3856	15
E 130	21	352	1	602	3	779	17	909	10	3013	12	(3773)	16	3857	16
E 135	21	S 352	26	S 602	26	780	13	910	10	3021	18	3774	16	3858	16
150	3	353	1	603	3	(781)	13	911	10	3022	18	3776	15	3859	16
151	3	355	16	604	3	782	13	912	10	3023	18	3777	16	3860	17
152	4	356	16	605	3	783	13	913	10	3024	18	3778	16	3861	17
153	5	367	10	606	14	791	5	915	3	3031	17	3779	16	3862	17
154	4	S 367	27	S 606	26	792	5	917	3	3032	18	3781	18	3863	17
155	5	368	10	608	14	793	5	918	15	3033	18	3782	18	3864	17
E 155	21	369	10	610	13	794	5	919	15	3041	4	3787	18	3865	18
156	5	370	12	611	13	796	6	920	15	3042	4	3790	18	3866	18
157	5	371	12	612	13	797	6	921	15	3045	13	3799	19	4010	23
158	5	372	12	613	13	798	6	922	15	3046	13	3801	1	4015	23
159	7	400	15	632	16	S798	27	924	8	3047	13	3802	4	4020	23
160	7	402	15	640	18	799	6	926	8	3051	11	3803	3	4025	23
161	7	407	16	642	18	S 799	27	927	8	3052	11	3804	3	4030	23
162	6	413	19	644	18	800	6	928	8	3053	11	3805	3	4040	23
163	9	414	19	645	19	S 800	27	930	7	3064	16	3806	3	4045	23
164	10	415	19	646	19	801	17	931	7	3072	19	3807	5	4050	23
165	12	E 415	22	647	19	803	7	S 931	27	3078	14	3808	8	4060	23
166	12	S 415	27	648	19	(806)	8	932	7	3325	7	3809	8	4065	23
167	13	420	13	666	1	807	8	934	11	3326	2	3810	8	4070	23
168	19	422	13	676	13	809	6	935	11	3328	1	3811	8	4075	23
E 168	21	433	17	677	13	813	6	936	11	3340	14	3812	9	4077	23
169	19	434	17	E 677	21	814	1	937	11	3341	14	3813	9	4080	23
208	5	435	17	680	13	815	1	938	17	3345	10	3814	9	4090	23
209	5	436	17	699	11	E 815	21	939	7	3346	10	3815	9	4100	23
210	5	E 436	22	E 699	21	816	1	E 940	22	3347	10	3816	9	4110	23
211	5	437	17	700	11	817	1	943	9	3348	10	3817	9	4120	23
E 211	22	444	14	S 700	27	818	2	S 943	27	3350	3	3818	10	4124	23
S 211	26	445	14	701	11	E 818	22	945	15	3354	3	3819	12	4126	23
221	4	451	17	702	11	S 818	26	946	14	3362	12	3820	13	4128	23
223	4	452	17	703	11	819	2	947	14	3363	12	S 3820	26	4130	24
224	4	453	17	E 703	22	820	6	948	16	3364	12	3821	13	4140	24
225	4	469	11	704	11	S 820	27	950	16	3371	17	E 3821	21	4145	24
300	15	470	11	712	17	822	18	951	15	3607	3	3822	13	4150	24
301	15	471	11	718	3	823	7	954	10	3608	3	3823	15	4160	24
E 301	21	S 471	27	E 718	21	824	6	955	10	3609	3	3824	14	4170	24
304	1	472	11	720	15	825	6	956	2	3685	3	3825	15	4180	24
307	14	S472	27	721	15	E 825	21	957	2	E 3685	22	3826	16	4190	24
S 307	26	498	1	722	15	826	6	958	9	S 3685	26	3827	16	4200	24
309	2	500	9	725	14	827	6	959	9	3687	3	3828	13	4210	24
310	19	501	9	726	14	828	8	S 959	27	3688	3	3829	13	4215	24
E 310	22	502	9	727	14	829	12	961	2	3689	3	3830	16	4220	24
S 310	27	503	9	728	13	830	12	962	2	3705	1	3831	2	4230	24
311	8	(504)	9	729	13	831	12	963	2	3706	1	3832	2	4235	24
312	7	S 504	27	730	12	832	12	964	9	3708	1	3833	2	4240	24
315	4	505	9	(731)	12	833	12	966	9	3712	1	3834	4	5282	25
316	4	517	8	732	12	834	12	E 966	22	3713	1	3835	4	5283	25
E 316	21	518	8	733	12	838	18	967	14	3716	2	3836	4		
317	19	519	8	734	12	839	18	E 967	22	3721	4	3837	5		

Mouliné Spécial 25 : ART. 117
Mouliné Effet Lumière : ART. 317W
Mouliné Color Variations : ART. 417
Coton perlé : ART. 115-116
Mouliné Satin : ART. 1008F
Perlé Métallisé : ART. 315
Fil Diamant : ART. 380

117 · 115 n°3 · 115 n°5 · 116 n°5 · 116 n°8 · 116 n°12

1	2	3	4	5
3713	894	151	225	211
761	893	3354	224	210
760	892	3733	152	209
3712	891	3731	223	208
3328	818	3350	3722	3837
347	957	150	3721	327
353	956	3689	221	153
352	309	3688	778	554
351	963	3687	3727	553
350	3716	3803	316	552
349	962	3685	3726	550
817	961	605	315	3747
3708	3833	604	3802	341
3706	3832	603	902	156
3705	3831	602	3743	340
3801	777	601	3042	155
666	819	600	3041	3746
321	3326 (776)	3806	3740	333
304	899	3805	3836	157
498	335	3804	3835	794
816	326	3609	3834	793
815		3608	154	3807
814		3607		792
		718		158
		917		791
		915		

6	7	8	9	10
3840	159	828	964	955
3839	160	3761	959	954
3838	161	519	958	913
800	3756	518	3812	912
809	775	3760 (806)	3851	911
799	3841	517	943	910
798	3325	3842	3850	909
797	3755	311	993	3818
796	334	747	992	369
820	322	3766	3814	368
162	312	807	991	320
827	803	3765	966	367
813	336	3811	564	319
826	823	598	563	890
825	939	597	562	164
824	3753	3810	505	989
996	3752	3809	3817	988
3843	932	3808	3816	987
995	931	928	163	986
3846	930	927	3815	772
3845	3750	926	561	3348
3844		3768	3813 (504)	3347
		924	503	3346
		3849	502	3345
		3848	501	895
		3847	500	

11	12	13	14	15
704	3364	613	445	951
703	3363	612	307	3856
702	3362	611	973	722
701	165	610	444	721
700	3819	3047	3078	720
699	166	3046	727	3825
907	581	3045	726	922
906	580	167	725	921
905	734	746	972	920
904	733	677	745	919
472	732 (731)	422	744	918
471	730	3828	743	3770
470	3013	420	742	945
469	3012	869	741	402
937	3011	728	740 (971)	3776
936	372	783	970	301
935	371	782 (781)	947	400
934	370	780	946	300
523	834	676	900	3823
3053	833	729	967	3855
3052	832	680	3824	3854
3051	831	3829	3341	3853
524	830	3822	3340	
522	829	3821	608	
520		3820	606	
		3852		

16

117 · 115 n°3 · 115 n°5 · 116 n°5 · 116 n°8 · 116 n°12

3827
977
976
3826
975
948
754
3771
758
3778
356
3830
355
3777
3779
3859
3858
3857
3774
950
3064
407 (3773)
3772
632

17

117 · 115 n°3 · 115 n°5 · 116 n°5 · 116 n°8 · 116 n°12

453
452
451
3861
3860
779
712
739
738
437
436
435
434
433
801
898
938
3371
543
3864
3863
3862
3031

18

117 · 115 n°3 · 115 n°5 · 116 n°5 · 116 n°8 · 116 n°12

B5200
BLANC
3865
ECRU
822
644
642
640
3787
3021
3024
3023
3022
535
3033
3782
3032
3790
3781
3866
842
841
840
839
838

19

117 · 115 n°3 · 115 n°5 · 116 n°5 · 116 n°8 · 116 n°12

3072
648
647
646
645
844
762
415
318
414
168
169
317
413
3799
310

20

117 · 115 n°5 · 116 n°8

48
107
115
99
52
93
121
67
125
92
94
90
51
106
111
105
69
53

317W 21	317W 22	417 23	417 24	1008F 26	1008F 27

MOULINÉ EFFET LUMIÈRE
Light Effects Floss

21

130
135
155
316
321
334
699
3837
3843
3849
703
718
815
825

168
301
317
77
3821
3852

22

E 898
E 436
E 3685
E 310
E 415

E 211
E 746
E 966
E 818
E 747
E 967
E 3747
E 5200

E 980
E 990

E 940

PERLÉ MÉTALLISÉ
Metallic Pearl

315 25

5282
5283

MOULINÉ COLOR VARIATIONS
Color Variations Floss

23

4010
4015
4020
4025
4030
4040
4045
4050
4060
4065
4070
4075
4077
4080
4090
4100
4110
4120
4124
4126
4128

24

4130
4140
4145
4150
4160
4170
4180
4190
4200
4210
4215
4220
4230
4235
4240

MOULINÉ SATIN
Satin Floss

26

S352
S351
S321
S601
S602
S3685
S326
S899
S818
S211
S552
S550
S606
S741
S307
S3820
S976

27

S841
S898
S367
S991
S700
S471
S472
S800
S799
S798
S820
S931
S995
S943
S959
S504
S5200
S415
S310

FIL DIAMANT

D3821
D3852
D140
D168
D415
D301

Cotons pour tapisserie DMC (Retors Mat : ART. 89)

TABLEAU DE RECHERCHE DES NUMÉROS DE COULEURS
Key to colour numbers

0000 N° couleur / *Colour N°*
Colonne / *Column*

BLANC	12	2154	9	2356	2	2599	5	2829	8
ECRU	12	2155	10	2357	2	2609	12	2830	8
2012	7	2156	10	2360	10	2610	12	2831	8
2013	7	2157	9	2369	6	2611	12	2832	8
2051	7	2158	9	2371	11	2613	12	2833	8
2101	2	2159	9	2373	11	2632	11	2836	10
2102	2	2160	10	2375	2	2640	12	2839	11
2103	1	2161	11	2392	7	2642	12	2840	11
2104	1	2162	11	2393	7	2644	12	2841	11
2105	1	2163	11	2394	3	2647	12	2842	11
2106	1	2164	11	2395	3	2648	12	2856	7
2107	1	2165	11	2396	3	2666	1	2885	3
2108	1	2166	11	2398	3	2673	8	2890	6
2109	1	2167	11	2400	10	2715	6	2892	1
2110	1	2168	11	2405	11	2718	1	2898	9
2111	1	2169	12	2407	11	2719	1	2899	1
2112	1	2170	12	2413	12	2725	9	2900	10
2113	3	2171	12	2414	12	2726	9	2902	2
2114	3	2172	12	2415	12	2727	10	2905	7
2115	3	2209	3	2421	9	2730	8	2906	7
2116	3	2211	3	2424	9	2732	8	2907	7
2117	3	2218	8	2433	9	2734	8	2909	6
2118	3	2221	2	2434	9	2738	9	2911	6
2119	3	2222	2	2436	9	2739	9	2912	6
2120	3	2223	2	2444	8	2740	10	2916	1
2121	3	2227	3	2446	8	2741	10	2918	11
2122	4	2229	3	2468	8	2742	10	2919	11
2123	4	2231	3	2469	7	2743	9	2921	10
2124	4	2233	3	2470	7	2745	10	2922	10
2125	4	2237	11	2471	7	2746	8	2923	10
2126	4	2238	4	2472	7	2753	3	2924	5
2127	5	2241	12	2495	7	2758	2	2926	5
2128	5	2299	11	2497	2	2759	2	2928	5
2129	6	2302	12	2499	6	2760	2	2929	4
2130	5	2303	2	2500	6	2765	9	2930	4
2131	5	2304	1	2502	6	2766	9	2931	4
2132	5	2306	10	2504	6	2767	9	2932	4
2133	5	2307	8	2511	7	2776	1	2933	4
2134	5	2309	1	2522	5	2778	2	2936	7
2135	6	2310	12	2524	5	2782	9	2937	7
2136	6	2315	2	2531	3	2783	9	2938	11
2137	6	2316	2	2532	3	2788	7	2946	10
2138	6	2318	12	2543	12	2791	4	2947	10
2139	7	2319	6	2561	6	2797	4	2948	11
2140	7	2320	6	2562	6	2798	4	2950	11
2141	7	2326	1	2563	6	2799	4	2952	5
2142	8	2327	2	2564	6	2800	4	2954	6
2143	8	2328	3	2570	2	2801	9	2956	5
2144	8	2329	2	2572	2	2807	5	2957	5
2145	8	2336	4	2574	2	2815	1	2986	6
2146	8	2346	1	2575	9	2818	1	2987	6
2147	8	2347	7	2579	8	2820	4	2995	5
2148	8	2349	10	2580	7	2823	4	2996	5
2149	8	2350	10	2590	5	2824	4		
2150	8	2351	10	2592	5	2825	4		
2151	9	2352	10	2594	5	2826	4		
2152	9	2353	10	2595	5	2827	4		
2153	9	2354	2	2597	5	2828	4		

5	6	7	8	9	10	11	12
2594	2504	2788	2446	2739	2745	2161	ÉCRU
2592	2502	2907	2218	2424	2727	2162	2543
2590	2136	2906	2142	2738	2155	2163	2302
2996	2137	2905	2143	2436	2742	2919	2169
2995	2135	2472	2730	2421	2741	2918	2613
2807	2500	2471	2734	2153	2740	2237	2611
2599	2499	2470	2732	2767	2306	2299	2610
2597	2715	2469	2307	2151	2947	2166	2644
2595	2369	2347	2144	2152	2946	2164	2642
2131	2320	2937	2145	2154	2900	2165	2640
2133	2319	2936	2746	2743	2349	2950	2609
2132	2890	2139	2579	2726	2353	2407	2647
2952	2138	2856	2673	2575	2352	2405	2648
2957	2129	2140	2831	2725	2351	2632	2241
2956	2954	2013	2444	2783	2350	2167	2415
2134	2912	2012	2150	2782	2160	2948	2318
2128	2911	2392	2147	2157	2836	2842	2171
2928	2909	2495	2833	2158	2156	2841	2170
2926	2564	2393	2832	2159	2360	2840	2414
2924	2563	2511	2146	2766	2923	2839	2413
2130	2562	2580	2830	2765	2922	2938	2172
2524	2561	2051	2829	2434	2921	2371	2310
2522	2987	2141	2148	2433	2400	2373	BLANC
2127	2986		2149	2801		2168	
			2468	2898			

822 838 321

321

3865
962
602

3865

Techniques et astuces : *petits secrets de fabrication*

Appliqués astucieux

Pour décorer vos créations, fabriquez vos appliqués. Petits semis, tissus unis ou grands motifs découpés : la technique est toujours la même. Fixez au dos du tissu choisi de la toile thermocollante au fer à repasser. Reportez et découpez les motifs qui vous plaisent : vous trouverez page 134 des suggestions. Piquez-les sur vos créations couture, à 2 mm du bord. Encore plus simple : utilisez également du tissu thermocollant double face qui évite toute couture ! Il existe une dernière méthode, un peu plus longue mais au fini incomparable : pliez votre tissu en deux, endroit contre endroit, reportez votre motif, piquez sur le tracé, pratiquez une petite incision au centre d'une des faces de tissu et retournez la forme sur l'endroit. Vous n'avez plus qu'à la coudre sur votre support au point glissé. Exemples photographiés : page 67, motif de pomme (page 141) sur tissu thermocollant uni rouge ; page 118 (échantillon n° 9), motif de nuage (page 140).

Biais malin

Le biais peut devenir une bretelle (de robe, de top). C'est surtout une bonne idée lorsqu'il est imprimé. À associer avec des unis ou de petits semis de pois. On peut l'acheter (voir page 115) ou le fabriquer soi-même à condition d'utiliser des tissus fins, comme de la batiste* ou de la popeline*. Sur l'envers du tissu, tracez une bande de 3 cm de large, à 45° par rapport au droit-fil*. Découpez-la. Rabattez les grands côtés au centre, envers contre envers, et repassez-les. Dépliez la bande. Les pliures vous serviront de guide pour l'assemblage du biais sur l'ouvrage.

Boutons maison

Il existe dans les merceries ou sur les sites marchands des kits très pratiques pour réaliser des boutons de diamètres variés (à partir de 11 mm et jusqu'à 38 mm) avec ses propres tissus. Suivez les instructions du fabricant mais sachez qu'il est toujours judicieux de faufiler un fil autour du tissu préalablement découpé en rond, à 2 mm du bord. Après avoir placé le bouton au cœur du tissu, faufilez le bord et tirez sur le fil et faites un nœud. Vous pouvez ainsi facilement positionner le bouton dans le gabarit de maintien en plastique.

Si vous n'avez pas de kit, utilisez vos vieux boutons ! Ceux qui n'ont plus guère de valeur pour vous deviendront le support de vos nouvelles créations à condition qu'ils aient une attache au dos. Plats ou bombés, le principe reste le même : tracez dans une chute de tissu un cercle d'un diamètre double par rapport à celui du bouton. Découpez et faufilez un fil solide, à 2 mm du bord. Placez le bouton à l'intérieur, tirez sur les deux extrémités et nouez solidement. L'arrière sera moins soigné qu'un bouton en kit, mais une fois cousu, cela ne se verra pas ! Exemple photographié page 117 (échantillons n° 12).

Étiquettes

Envie de personnaliser votre ligne de création ? Brodez sur de la toile à broder de jolies étiquettes à vos initiales ou à votre nom. Découpez dans de la toile à broder un rectangle de 3,5 x 7 cm, pensez toutefois à adapter la largeur de la bande en fonction du nom ou du mot choisi. Pliez la bande en deux et faites un rentré de 1 cm sur les petits côtés et de 5 mm sur les grands côtés : marquez les plis au fer, ils vous serviront de repère pour centrer les motifs. Brodez au point de croix, en deux brins sur deux fils, vos initiales sur une face et un motif sur l'autre (reportez-vous aux abécédaires pages 136 ou 137-139 en adaptant les mesures). Pliez les rentrés envers contre envers et piquez sur l'endroit les grands côtés à 5 mm du bord avec un fil à coudre assorti. Exemple photographié page 7 : Initiale (abécédaire pages 137-139) brodée en blanc (DMC Blanc) sur toile de lin taupe (M, réf. CM108).

Vous pouvez aussi utiliser des étiquettes toutes prêtes (page 121) ou en faire broder via un commerçant ou un site internet dédié.

Fil à coudre

Le fil à coudre peut jouer la carte du caméléon et se faire le plus discret possible... Dans ce cas, vous le choisirez au plus près de la couleur du tissu.

Il peut *a contrario* jouer un rôle esthétique dans le projet et dans cette optique vous le sélectionnerez contrasté. Vous pouvez ainsi par exemple coudre un sac avec du fil à coudre bleu turquoise et décider de réaliser des surpiqûres avec un fil orange... Pour chaque création, posez-vous la question : fil invisible ou fil visible ?

Gainez une pièce de tissu (cartonnage)

Encollez le carton et posez-le, en le centrant, sur l'envers du tissu. Lissez du plat de la main afin de supprimer les bulles d'air et les plis. Biaisez les angles du tissu à 45° en vous arrêtant à 3 mm environ du carton. Coupez l'excédent de tissu à 1 cm du carton et rabattez les pans flottants sur l'envers.

Glaçage sans effilochage

Pour éviter que le tissu ne s'effiloche, il existe une technique infaillible pourvu que l'on ne lave pas ses créations : le glaçage des bords. Reportez le motif de votre patron sur le tissu. Piquez à la machine le contour sur l'endroit. Laissez une ouverture de quelques centimètres pour permettre le rembourrage de la forme. Appliquez de la colle blanche à l'aide d'un pinceau sur 1 cm en partant de la couture et vers l'extérieur. Lorsque la colle est sèche, découpez le tissu à 5 mm de celle-ci.

Astuce : faute de colle blanche, réalisez un sirop de sucre (3,5 cuillères à soupe de sucre fin blanc pour 1 cl d'eau à faire chauffer en remuant jusqu'à la fonte des grains) et appliquez-le de la même façon.

Matelassage

L'action de matelasser consiste à insérer entre deux surfaces de tissu une ouate de matelassage. Généralement en polyester, il en existe de thermocollante, ce qui facilite grandement le travail. De 2 mm à 15 mm, une offre très large d'épaisseurs répond à tous les besoins ! Vous pouvez ensuite réaliser des motifs ou surligner ceux du tissu au point droit (voir page 103). Exemple photographié page 87 : fil à coudre blanc sur toile de coton à motifs de triangles (LM. Réf. 13008MGC).

Ourlet des angles en onglet

Voici comment obtenir des angles impeccables. Après avoir replié deux fois les quatre côtés du tissu, marquez le pliage au fer, puis dépliez. Rabattez l'un des coins en plaçant exactement sa pointe à l'intersection des deux lignes de pliures situées à l'intérieur. Marquez le pli du coin avec l'ongle. Repliez le coin sur lui-même en faisant coïncider les lignes de pliure. Préparez les trois autres coins de la même manière. Repliez deux fois les quatre côtés en suivant les lignes de pliure. Bâtissez, puis piquez à 2 mm du bord de l'ourlet.

Passepoil maison

Le passepoil permet de souligner d'un joli petit liseré les coutures, de sophistiquer un ouvrage ou d'apporter une petite touche de couleur ou de matière. Il en existe de nombreuses sortes (voir page 115) mais vous pouvez aussi le réaliser vous-même en faisant votre biais (voir page ci-contre) et en cousant à l'intérieur un cordon dit de passepoil.

Point glissé

Ce point quasi invisible sert à assembler deux pièces de tissu. Sortez l'aiguille de la pliure de votre première pièce de tissu (appliqué, réserve de couture d'une ouverture) et piquez-la sur le tissu du dessous, au ras de la pliure. Ressortez votre aiguille deux fils de trame plus loin et repiquez-la dans la pliure. Faites-la ressortir 5 mm plus loin et repiquez-la dans le tissu du dessous. Continuez ainsi de suite.

Rembourrage

Action de remplissage d'un volume, en l'occurrence un objets confectionné avec du tissu. On utilise principalement de la ouate siliconée de rembourrage, commercialisée en sac mais également du kapok, des plumes, de la laine, des billes de polystyrène, de la mousse de Bultex ou de polyester.

Report des patrons et des motifs

Pas de papier calque ? Utilisez du papier de soie, il est certes plus fragile mais fonctionne tout aussi bien car sa transparence permet de décalquer patrons et motifs. Épinglez votre patron sur votre tissu et découpez ensuite les pièces, ou bien reportez-le sur le tissu en utilisant une craie pour textile ou un stylo pour textile dont l'encre s'évapore au bout d'un moment ou s'efface à l'eau.

Tampons

Pour réaliser les tampons, utilisez de la mousse créa-mousse en feuille. Reportez le motif choisi dessus (voir page 134) et découpez la mousse sur le tracé. Fixez-la à l'aide d'adhésif double-face sur une feuille de plastique rigide, type pvc.

Appliquez à l'aide d'un pinceau de la peinture épaisse en fine couche sur la mousse du tampon. Placez un carton au dos du tissu, repérez l'emplacement du motif à peindre et appliquez fermement, à plat et uniformément. Retirez le tampon, laissez sécher et réalisez des retouches au pinceau fin si le motif présente de petits défauts ou manque d'opacité. Pour accélérer le séchage, utilisez un séchoir à cheveux. Pour fixez la peinture et la rendre lavable à 40° C, fixez-la en la repassant pendant 5 minutes sur l'envers du tissu (thermostat coton) ou mettez le tissu au four 5 mm à 150° C. Exemple photographié page 27 : motif d'étoile (page 27) peinte en blanc sur de la batiste figue (FDS).

Transferts textiles

Des papiers pour imprimantes de bureau existent dont le prix est très abordable et qui permettent à toutes vos idées de customisation de s'exprimer. Respectez bien les consignes du fabricant pour réussir vos transferts.

Attention, si vous souhaitez imprimer du texte, pensez à réaliser un effet miroir avant l'impression car sinon, votre texte serait à l'envers... Attention aussi à la mention « tissus clairs » ou « tissus foncés » qui indique la nature du support qui recevra les créations.

Points de broderie

Point avant ❶

C'est un point qui permet de broder très vite, en pointillé. Il permet aussi le matelassage et le surpiquage des tissus. On réalise deux ou trois points simultanément, les plus régulièrement possible. Sur toile de lin à broder, on peut compter les fils pour égaliser les points.

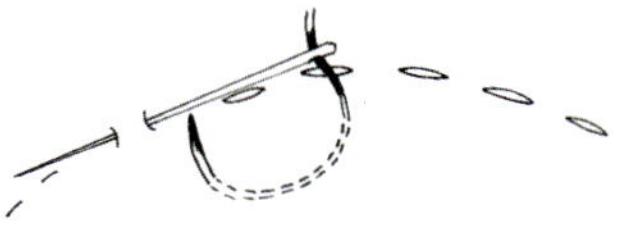

❶

Variante : Point de trait

Il est une variante du point avant et se brode en rangées régulières. Les points et les intervalles peuvent être égaux mais les points peuvent également être légèrement plus longs.

Point de nœud ❷

C'est le point des petits détails : cœur de toutes petites fleurs, yeux... Pour le réaliser, on enroule le fil sur l'aiguille et on repique dans le tissu.

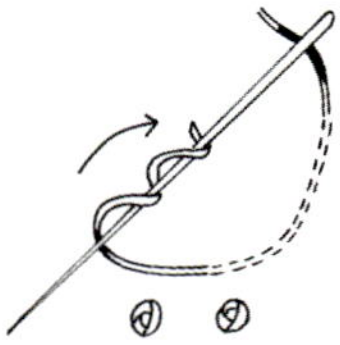

❷

Point de tige ❸

C'est un point pour cerner les contours, le point idéal pour dessiner. Quand il est régulier, il donne un bel effet de cordon. Exemple photographié page 123 : motif de doudou (page 134) brodé en vert (DMC 3819) sur toile de lin bleu doux (CM112/24).

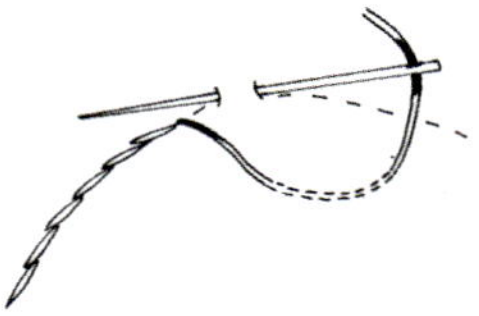

❸

Point de croix ❹

C'est le point idéal pour reproduire des motifs simples ou complexes à points comptés sur des toiles dont l'armure* est bien lisible et régulière. Les petits motifs isolés se recouvrent par broderie de croix complètes et les plus grandes surfaces se réalisent en deux temps : une rangée de demi-points obliques de gauche à droite, que l'on recouvre dans un second temps d'une rangée de points obliques de droite à gauche pour former des croix. Exemple photographié page 47 : motif de feuille (page 135) brodé en naturel (DMC 822) sur toile de lin verte (M, réf. CM136 ; et page 124 : motif de fleur (page 124) brodé en blanc (DMC Blanc) sur toile de lin naturel (DMC, réf. 3782).

❹

Point arrière ou point de piqûre ❺

Il permet de dessiner au trait, en continu et est souvent destiné aux contours. C'est un point très solide.

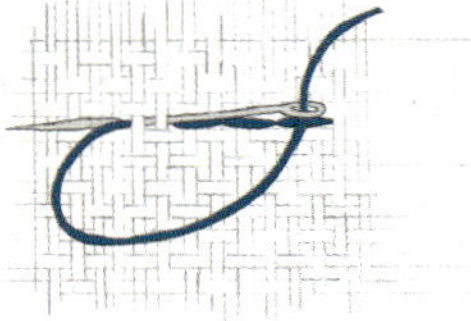

❺

Point lancé ❻

Il se travaille en tous sens, en fonction du motif à réaliser. Il est la base de la broderie traditionnelle.

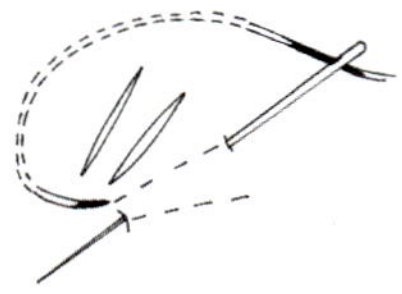

❻

Passé plat ❼

C'est une série de points plus ou moins longs qui se brodent en parallèle. C'est le point idéal de remplissage de petites surfaces. Si la surface à couvrir s'élargit, commencez alors à broder par le milieu.

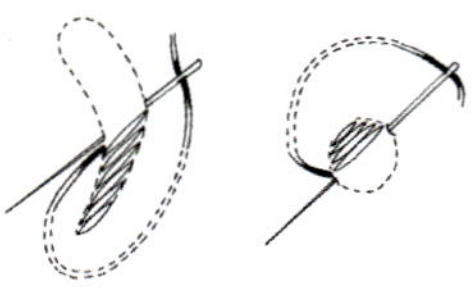

❼

Passé plat empiétant ❽

On l'appelle aussi « peinture à l'aiguille ». On commence par réaliser à l'intérieur de la surface à remplir une rangée de points en passé plat en alternant des points courts et des points longs. Pour les rangées suivantes, on procède de même en piquant une extrémité des points dans les points précédents.

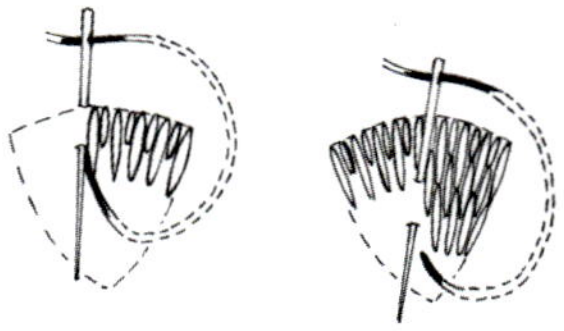

❽